LOS MASONES SIGUEN ENTRE NOSOTROS

Todo el poder terrenal en manos de unos pocos

T. Macarron García

LOS MASONES SIGUEN ENTRE NOSOTROS

Todo el poder terrenal en manos de unos pocos

Autor: T. Macarron García
Ilustración de portada: T. M. G.
Editor: T. M. García
© 2022 T. Macarron García
© Edición: febrero 2025

A Esmeralda.

Y fue lanzado fuera el gran dragón, la serpiente antigua, que se llama diablo y Satanás, el cual engaña al mundo entero; fue arrojado a la tierra, y sus ángeles fueron arrojados con él.

Apocalipsis 12:9

Era la "Cámara de las Meditaciones" un recinto donde encerraban al catecúmeno para que preparara su ánimo antes de ser recibido como aprendiz por la congregación masónica. Lo primero que tenía que hacer el pobre profano, una vez que lo metían bonitamente allí, era otorgar su testamento y contestar por escrito a varias preguntas, con objeto de mostrar su manera de discurrir y los gramos de sal que tenía en la mollera.

Benito Pérez Galdós – El Grande Oriente (EE.NN)

Índice

Acerca del autor

Prólogo

Como primera premisa diré que soy un apasionado de temas como el que trata este libro. La primera vez que leí sobre masonería fue hace mucho tiempo, allá por finales de los años '70, cuando eran pocos los que se sumergían en este mundo. Aún recuerdo ese primer libro, 'La Masonería actual' de J. A. Ferrer Benimeli, que me ayudó a entender de qué iba eso de los masones. Posteriormente, leí otros, en especial los que escribió Ricardo de la Cierva, para mí el autor más equilibrado, docto y crítico con la Organización secreta. Hablaré a continuación de 'Los masones siguen entre nosotros...', que al fin y al cabo es lo que se me ha pedido.

El libro trata el tema de la masonería desde la perspectiva de Poder. De lo que fue y es la Organización y de cómo se introdujo en las estructuras del Estado. De qué manera tomó las riendas de la educación, transformó y destruyó la familia tradicional y en qué medida ha dinamitado el catolicismo. Esos tres ejes fundamentales de la sociedad son tratados de manera ágil, sin rodeos y, sobre todo, de forma documentada. Pero no sólo se limita a hablar de masonería y masones. El autor nos acerca a los diversos centros de poder, manejados o no por masones, en los que se toman las decisiones que rigen nuestro mundo, y muestra la interconexión existente entre esos organismos y la *Élite* que los dirige.

Uno de los puntos que, a mi juicio, merece destacarse es la cantidad de documentación en la que se apoya el autor, tanto referida a otros escritores, como de investigación propia. Ello da a la obra un carácter formal, veraz y profesional, algo que no suele abundar en este tipo de temática, ausente muchas veces de fundamento y justificación. La bibliografía de apoyo es amplísima y variada, aspecto que conviene tener en cuenta.

Creo, sinceramente, que se trata de una obra seria que agradará tanto a neófitos como a duchos en la materia. A los primeros por la fácil comprensión, y a los segundos por la amplitud y solvencia con que el autor trata el asunto. Otra cosa que conviene resaltar es la huida que el autor hace del sectarismo. Se limita a mostrar los hechos tal como son y deja que el lector saque sus propias conclusiones. Tal como él dice: «Para conocer lo pasado está la historia, el presente sólo es cuestión de observarlo».

Resumiendo, nos encontramos ante un libro que merece la pena leer. Sólo añadiré un último punto que personalmente me parece importante, y que no puedo dejar de lado: la prosa. Un libro para aquellos a los que les gusta disfrutar leyendo. Les aseguro que no les defraudará.

Carlo Mª Marini

Licenciado en Derecho.

Master en Economía y Estadística aplicada.

Escritor, experto en numerología y ciencias ocultas.

Apunte del autor

En 2017, año en el que se cumplían tres siglos de existencia de la masonería moderna, escribí un pequeño librito de apenas 30 páginas, en el que, a modo de bosquejo, realizaba un recorrido por la historia de la Organización. Posteriormente, lo subí al blog en el que colaboraba, dividido en cinco entregas. Aquellas entradas recibieron una importante cantidad de visitas y, también la felicitación de algunos lectores a los que facilité una versión electrónica del contenido.

Con todo, el presente trabajo escapa de lo que ha sido mi labor como escritor, centrada por lo general en artículos de opinión sobre asuntos de actualidad. Y muy diferente a mi anterior libro, por título 'Desde Barcelona con lápiz y papel', que recopilaba algunos de esos artículos.

Lo que el lector encontrará en esta obra tiene que ver con la subrepción y con el Poder. Sobre lo que esconden las poderosas sociedades que maniobran en secreto y desde la obscuridad. De organismos de carácter público y privado que esconden buena parte de sus fines. Y, como no, de personas que, encumbradas en lo alto de la pirámide dominante, ostentan desde la sombra el poder real de este mundo. Anticipo, por tanto, que hablaré de masones, pero no sólo de masonería.

A través de las siguientes páginas afronto este tema complejo, delicado y a la par apasionante, de manera simple, pero a su vez con intensidad y hondura. Mi pretensión es ilustrar a quien es nuevo en el tema, y no cansar, por iteración en lo conocido, a aquellos que llevan tiempo acercándose a este mundo. Es tanta la profundidad de la materia, que resulta difícil saciar la sed de información asentado en tres o cuatro autores. No obstante, dada la mucha literatura que versa sobre el tema, es imprescindible hacer una criba lo más selecta posible. Desde la complejidad que supone este último punto, he querido que la base de apoyo sea fiable, docta y lo menos sectaria posible.

A lo largo de estos últimos tres siglos la masonería se ha instalado en la práctica totalidad de países. La existencia de ramificaciones surgidas en paralelo a la masonería, y que atienden a otros nombres, no excluye su propósito inicial que poco a poco se va completando y cumpliendo. Desde el principio se propusieron como meta derribar los pilares de la sociedad tradicional, y en la práctica ya lo han conseguido. Hace tiempo que se infiltraron en los altos estamentos del Estado y se hicieron con el poder militar y civil. Hoy día, tanto la educación como la familia, célula fundamental y estructural de la sociedad, han sucumbido a la ventura de sus propósitos. Mientras tanto, la Iglesia, enemiga acérrima, se ha ido tomando internamente con el fin de volarla desde dentro. No sería desacertado identificar a la masonería como engaño; como un artificio validado por el secreto.

He dividido este libro en tres partes. La primera, dedicada a conocer la masonería desde diversas vertientes: histórica, interna y participativa. Una segunda parte destinada al trabajo que los masones han perpetrado, cumpliendo así los objetivos marcados por la sociedad secreta. Y una tercera, y última, abierta a otros entes y personas al margen o no de la masonería, pero con similares finalidades.

Por último, incluyo en el libro una serie de enlaces a páginas webs que entiendo pueden interesar al lector. Se hallan en el Anexo de webgrafía y se refieren con la letra 'P.' seguida de un número.

De antemano, gracias.

El Autor

PARTE I

Antecedentes a la masonería especulativa

Aunque existen diversas hipótesis acerca del origen de la masonería, una gran cantidad de estudiosos sobre el tema convienen en aceptar la teoría que remonta su nacimiento a tiempos remotos. Culturas como la egipcia, babilónica, caldea o asiria son nombradas por algunos autores como presuntas madres de una masonería inicial. Otros centran su inicio en la construcción del Templo del rey Salomón en 925 a.C. En cualquier caso, no es intención mía profundizar en este asunto incierto, que por otra parte considero baladí para el objetivo de este trabajo.

Perfectamente organizada, la masonería operativa escondía los secretos de la edificación. A aquellos arquitectos de la época, verdaderos genios de la construcción, se les conocía como maestros albañiles, *maçons* en francés. Ellos eran los encargados de transmitir el conocimiento sólo a aprendices elegidos. De tal forma que únicamente la aptitud y la capacidad servían para adquirir el saber que permitía escalar peldaños en la logia. Alcanzar el grado de maestro suponía el reconocimiento y la influencia en la sociedad de entonces.

El final de la Edad Media da pie al nacimiento de los grandes Estados europeos y a una nueva cosmovisión de la política. La incipiente Edad Moderna cambiará el concepto de feudo, que atomizaba la vida política, y centralizará la actuación sociopolítica en un nuevo ente: el Estado. Pero todo ello influye poco en la actividad productiva no primaria. Los gremios seguían siendo los grandes 'sindicatos' de la época. Servían como núcleo de defensa de los intereses comunes de un mismo oficio, y tenían como objetivo la mutua protección. Y uno de los gremios más poderosos de la época seguía siendo el de la masonería, que incluía a albañiles y canteros.

La masonería medieval, entre los siglos XII y XVI, era en la práctica un sindicato gremial que acogía y protegía los intereses de los constructores y canteros. El lugar de reunión se conocía como logia, vocablo de procedencia italiana que venía a significar algo así como galería porticada. Ahí se congregaban para la organización del trabajo y toma de decisiones. Era una zona de acceso restringido, por lo general adosada a la edificación, en la que el maestro constructor planificaba y coordinaba las tareas que luego llevarían a cabo los otros cofrades, compañeros y aprendices. Allí, se trazaban sobre plano todos los detalles necesarios para la fabricación de los diferentes elementos pétreos, y de otros materiales, como madera, hierro, plomo, vidrio, etc., que conformaban la obra.

En 1498 se redactaron unas ordenanzas del gremio de talladores de piedra y albañiles, que han pasado a la historia como los Estatutos de Ratisbona. Fueron escritos por el maestro de obra Jobst Dotzinger, y servían para distinguir a quien formaba parte de dicho gremio. De su preámbulo cabe destacar: «*En el nombre de Dios Padre, del Hijo, del Espíritu Santo y Santa María, madre de Dios (...) debemos constituir una comunidad fraternal; esto por el bien y para utilidad de todos los Maestros y Compañeros del oficio, talladores de piedra y albañiles en tierra alemana*». Y en su primer punto dejaba claro que: «*Quien quiera entrar en nuestra organización fraternal debe prometer observar todos los puntos y artículos que se mencionan en este libro*». El resto de su articulado desglosaba un completo ordenamiento de derechos y obligaciones que afectaba tanto a los maestros, como a compañeros y aprendices. Entre los derechos, figuraba: «*el salario convenido debe ser satisfecho a los compañeros desde el primer momento*», y «*se debe respetar el salario acordado*», aun en el supuesto de un cambio de maestro de obras. También hacían referencia a la ayuda mutua en caso de dificultades con la justicia, la financiación, el compromiso de observar los reglamentos de la asociación, y que «*ningún Maestro ni Compañero que no pertenezca a la corporación debe recibir el menor tipo de enseñanza*». Importante este último punto por la salvaguarda que hacía de los conocimientos adquiridos.

Los citados Estatutos eran todo un privilegio de derechos en la época y prueba evidente del peso que tenía el gremio en aquella sociedad. Tanto albañiles como canteros gozaban del prestigio y del reconocimiento de la clase pudiente: reyes, nobles, alto clero y estamento feudal; muy por encima del resto de profesiones. Aquellos masones eran quienes hacían realidad los sueños de los mandatarios y poderosos del momento empeñados en promover y patrocinar la obra con la que pasar a la historia. Con todo, justo es decirlo, no fue el egoísmo quien motivó sus decisiones, porque nadie de los primitivos promotores vería acabado su sueño. El colosalismo de la más simple de aquellas obras sobrepasaba en décadas la vida del más longevo.

He traído a colación este reglamento como ejemplo de los códigos de conducta que regían la masonería operativa. Nada parecido a las ordenanzas que más tarde guiarán el comportamiento de los miembros de la masonería moderna. Con el tiempo, a partir del siglo XVI, la masonería operativa irá perdiendo peso y unificación, en la misma medida que avanzaba la Reforma luterana. Las guerras religiosas que inundaban Europa, producto del cisma, mermaban y retrasaban la otrora prolífica construcción de catedrales y templos de culto, todavía en manos exclusivas de los masones. No obstante, a partir de la Reforma se dispersa su unidad de acción, influenciada en gran parte por los efectos de la escisión religiosa. Algo que poco a poco irá socavando a la institución gremial hasta llevarla a la extinción.

Así, según avanza el siglo XVII, la masonería operativa acabará por perder toda su influencia. A lo largo de este siglo empiezan a introducirse dentro de la masonería operativa miembros ajenos al oficio de constructores, en especial tras la reconstrucción de Londres a raíz del Gran Incendio de 1666. La intrusión no era nueva, si bien es a partir de ese momento cuando se hace con el afán de adueñarse de la Organización. El historiador Ricardo de La Cierva, en su obra 'El triple secreto de la masonería', escribe refiriéndose a la del siglo XVII: *«Actualmente el carácter operativo es meramente simbólico, (...) la masonería experimenta por lo tanto una autentica transfiguración»*.

Tras mediar el siglo XVII, las logias de la todavía masonería operativa, junto a la creación de otras nuevas, empezaron a abrir las puertas a personas cualificadas y de reputado prestigio no vinculadas al arte de la construcción. Conocidos como masones aceptados, serán los topos encargados de socavar el terreno y provocar los cambios necesarios que producirán una mutación sociológica en las logias. Poco a poco la masonería irá perdiendo su carácter profesional, y todo ello contribuirá al nacimiento de una nueva masonería, conocida como especulativa.

Llegada la última década del siglo XVII, la nueva y moderna masonería, aunque todavía no organizada, se va abriendo paso. Tanto Inglaterra como Escocia son la cuna de la moderna entidad. Según indica César Vidal, en su libro 'Los masones. La sociedad secreta más influyente de la historia', antes de finalizar ese siglo «*al menos existían siete logias en Londres y una en York que se reunían con regularidad*». Por esas fechas, entrado ya el siguiente siglo, las logias masónicas que empiezan a aparecer en la Isla se encargarán de acelerar el periodo de transición entre la antigua y la moderna masonería. Ello en un proceso de pérdida de misticismo que previene una nueva secularización. Los nuevos masones, entusiastas del racionalismo que imperaba, junto al deísmo surgido de aquel, ven en ello la oportunidad para extender y oficializar el nacimiento de la nueva sociedad con patrones bien definidos.

Así las cosas, la masonería moderna había acabado con aquella otra conocida como operativa. Sólo era cuestión de oficializar su nacimiento. El hecho institucional se llevaría a cabo el año 1717, concretamente el 24 de junio; fecha que se corresponde con la fiesta de San Juan y del solsticio de verano. Ese día las cuatro logias de Londres, conocidas por el nombre de la taberna donde se reunían sus miembros –Oca, Corona, Manzano y Uvas–, decidieron unirse, y formaron la Gran Logia de Londres. En ese acto se nombra al caballero Anthony Sayer como Gran Maestro de la Organización. Nacía oficialmente la francmasonería o masonería moderna, conocida también como especulativa. A partir de aquí será a esta a la que me referiré.

La masonería por dentro

Abro este capítulo con la intención de ser somero. Se ha escrito tanto acerca de las interioridades y ritos de la masonería que no deseo cansar al lector con asuntos triviales, ya de por sí relatados en cantidad de textos. Sin embargo, no puedo dejar de lado aspectos básicos referentes a los principios y funcionamiento de la oscura sociedad, sobre todo pensando en el lector neófito.

En 1723 se publicaron las 'Constituciones de Anderson', algo así como el conjunto de bases, principios y líneas de actuación para los masones. La Gran Logia encomendó su elaboración al pastor presbiteriano James Anderson, quien se encargó de parte de su redacción y de la coordinación. El texto de las mismas marcaba la filosofía y líneas maestras de la Organización, y representaba, a su vez, una especie de código regulador para los miembros de la sociedad secreta. Tal como señala De la Cierva, dichas Constituciones *«son, todavía hoy, un texto oficial y vigente para todas las obediencias masónicas (...) y no se puede dar un paso en el conocimiento de la masonería sin contar con ellas»*. Por su parte, para César Vidal los textos constituyentes definen a la masonería como una *«sociedad secreta, sociedad esotérica, sociedad por encima de cualquier otro vínculo humano, incluidos los familiares y nacionales»*.

Tanto el aspecto religioso como el político aparecen en el texto de la Constitución masónica. Sobre el primero, aunque los masones venían obligados a respetar y cumplir la religión vigente del país donde residían, se recomendaba por conveniente, *«atenerse solamente a la religión en la cual coinciden todos los hombres»*; una nueva y universal *«religión natural acordada por ellos»*, porque tal como indica el texto modificado en 1813, *«un masón está, en consecuencia, restringido a no actuar nunca en contra de los mandatos de su conciencia»*. Para De la Cierva es una *«confesión masónica en favor del deísmo»* y *«toda una actitud gnóstica»*. Respecto al segundo, el político –referido al magistrado civil, supremos y subordinados–, presenta a los masones como sujetos justos, pacíficos y benéficos que no han de interferir ni rebelarse contra el poder constituido. Sin embargo, deben ser solidarios con los hermanos revoltosos. Dicho de otra forma, si un hermano comete un hecho delictivo penado por ley no podrá ser expulsado de la logia; incluso se debe apoyar la comprensión y la ayuda al delincuente.

La masonería tiene carácter iniciático y su organización interna es similar a una pirámide, donde la base representa el escalón o grado de inicio, y la cúspide el grado máximo. Según el Rito escocés antiguo y aceptado, dicha pirámide viene dada por 33 escalones. Desde el inicial, encarnado por el aprendiz, hasta la cúspide o grado 33, personificado por el 'Soberano Gran Inspector General de la Orden'. Los tres primeros grados, aprendiz, compañero y maestro, los grados más conocidos, son los encargados del trabajo cotidiano en las logias, la gestión y la dirección. Estos tres primeros grados se conocen como masonería azul o simbólica. Los siguientes hasta el grado 18, como masonería roja o capitular; el resto de grados representan la masonería negra o filosófica, encargada del estudio filosófico y metafísico. A los últimos tres se les asigna el calificativo de sublimes.

Albert Pike, masón de grado 33, en su famoso libro 'Morals and Dogma of the Ancient and Accepted Scottish Rite of Freemasonry' publicado en 1871, describe cada uno de los 32 grados que preceden al Soberano Gran Comendador del Supremo Consejo de grado 33. Para no alargar en demasía este capítulo, me centraré en los tres primeros grados. En el apartado dedicado al Aprendiz menciona los diez mandamientos de la masonería, a modo de imitación de los mandamientos divinos. Y los acaba con el más grande de la masonería, «*Un nuevo mandamiento os doy (...) El que está en la luz, pero odia a su hermano, permanece todavía en la oscuridad*», algo que tiene que tener claro el nuevo miembro. Pero al hablar del Compañero matiza: «*El Cristianismo enseñó la doctrina de la Fraternidad, pero repudió la de la Igualdad política inculcando continuamente la obediencia (...) La*

LOS MASONES SIGUEN ENTRE NOSOTROS

Masonería fue el primer apóstol de la Igualdad. En el monasterio hay fraternidad e igualdad, pero no libertad. La Masonería añadió también la Libertad, y reclamó para el ser humano ese triple patrimonio: Libertad, Igualdad y Fraternidad». Todo un elogio a la Revolución francesa, pero que deja al descubierto los ideales de la secta en la que la igualdad sólo es de palabra y la libertad de boquilla. Lo de la fraternidad, tal vez. Y termina, en su apartado sobre el Maestro: *«La Masonería, como todas las religiones, todos los misterios, el Hermetismo y la Alquimia, oculta sus secretos para todos excepto para los adeptos y los sabios, o los elegidos, y emplea falsas explicaciones e interpretaciones equívocas de sus símbolos para llevar a error a aquellos que solo merecen ser llevados a error, y para ocultar la Verdad, que es Luz, de estos, y apartarlos de ella»*. Poco cabe añadir. En el fondo toda esta obra de Pike –más de 900 páginas– está llena de contradicciones, o tal vez de contraposiciones; todo con el ánimo de que poco o nada obtenga de ella el profano. Así se deduce al leer, *«la Masonería encripta sus secretos celosamente, y extravía intencionadamente a los intérpretes engreídos»*.

No obstante, la existencia de grados no determina con exactitud las atribuciones y la importancia de cada uno de esos grados. Según Nicolas Deschamps, *«las autoridades oficiales significan poco en la masonería, y las fuerzas que le imprimen movimiento actúan, quiéranlo o no, esas autoridades»*. Sobre ello escribe Maurice Fara, *«hay con frecuencia Venerables que sólo han alcanzado los grados inferiores»*, y Jean-Baptiste Bidegain añade, *«incluso los de grado 33, ignoran en absoluto los asuntos más importantes de la secta»*.

Una logia es, por un lado, la organización básica y primaria de la masonería; por otro, el lugar físico donde se reúnen los miembros que componen la misma, conocidos entre ellos como hermanos. Las logias de un determinado territorio, que suele corresponderse con el país, se agrupan bajo las directrices de una entidad mayor que se conoce como Gran Logia, o Gran Oriente. Representan el organismo fundamental de la francmasonería, y se distinguen entre ellas por su nombre y por un número de inscripción dentro de la obediencia a la Gran Logia a la que pertenecen. Disponen, por lo general, de la autonomía necesaria para llevar a cabo las funciones de iniciación de profanos, la concesión de aumento de salarios y ensalzamiento al grado de Maestro. Todo ello dentro de la tradición masónica y bajo el auspicio y las disposiciones de la Gran Logia.

El componente ritual domina los actos dentro de la logia, desde los de iniciación hasta los relacionados con las tenidas o reuniones. A su vez, la promoción de grado, conocido como aumento de salario, conlleva sus propios ritos, juramentos, doctrina y demás simbología. Cada peldaño que se sube representa alcanzar nuevo conocimiento. En el fondo, la masonería es la sucesión de iniciaciones que revelan la doctrina y la finalidad de la Organización. Todo lo que ocurre en el interior de una logia es un conjunto de ritual esotérico en el que tiene especial relevancia el decorado, la vestimenta y otros utensilios varios. Todo ello acompañado de frases y mensajes de difícil interpretación para el profano. Bueno, en realidad, no solo para el profano. Según Albert Mackey, doctor y escritor masón, «...*se explican al iniciado parte de los símbolos; pero es intencionalmente extraviado con falsas interpretaciones. No se pretende que él los entienda. Su verdadera explicación se reserva para los príncipes de la masonería*».

«*De la calle, el que va a ser iniciado en la Masonería es conducido a la Cámara de Reflexiones. Apenas en ella, se le quita la venda que cubre sus ojos, y el neófito, en medio de gran aparato tenebroso, ha de escribir en un papel triangular las respuestas a tres preguntas: ¿qué debe el hombre a Dios?, ¿cuáles son los deberes del hombre para consigo mismo?, ¿cuáles son los deberes del hombre para con sus semejantes?, y en el anverso de ese mismo papel se le ordena que haga su propio testamento y lo firme*». Así describe Ferrari Billoch, en su libro 'La masonería al desnudo', los primeros pasos del nuevo miembro en una logia masónica. También hace referencia al juramento del iniciado, en los siguientes términos: «*Yo, Juan G., espontáneamente, como hombre libre que soy, por mi honor, y ante los caballeros masones aquí presentes, juro que desde este solemne momento me uno a ellos por mi existencia sobre la Tierra. Juro, asimismo, sin restricción mental alguna, guardar fielmente cuantos secretos de la Orden me fueran confiados; no revelar jamás cuanto supiere o viere de algún francmasón sin previa autorización de este. Juro perfecto amor fraternal a los masones protegiéndoles y amparándolos por cuantos medios estén a mi alcance, a ellos y a sus mujeres, hijas, madres y hermanas, cuyas personas serán siempre sagradas para mí. Si en algún tiempo tuviere la desgracia de quebrantar alguno de los juramentos que presto a la sagrada orden masónica, consentiré que me castigue esta con todo el rigor de las penas que para los traidores, perjuros y apostatas tenga establecidas».*

Con el tiempo algunas grandes logias han ido modificando en algo sus rituales. No tanto su fondo, sino algunas de las formas. Así y todo, muchas se mantienen fieles a la tradición, especialmente en lo que respecta a la iniciación. Simbología, gestualidad, vocabulario, vestimenta, sonoridad, esoterismo, confusión, todo ello permanece inmutable. La ceremonia de iniciación se lleva a cabo en la absoluta penumbra para el iniciado, quien en todo momento lleva los ojos vendados. Ajeno a todo, el todavía profano sufrirá toda una serie de peripecias hasta el momento en que los anfitriones entienden que ya está preparado para recibir la luz. Entonces, se le retira la venda de los ojos, y el profano deja de serlo y se convierte en aprendiz. Abad-Gallardo, en su libro 'Por qué dejé de ser masón', lo relata así: *«Alguien desanudó el cordel que me retenía la venda sobre los ojos, y la luz penetró hasta lo más profundo de mis ojos, de mi cerebro y, de alguna manera, también de mi espíritu. (...) Pasado un corto espacio de ceguera, descubrí ante mí un lugar del que no podía ver, y menos aún retener, toda su singularidad. Estaba lleno de signos esotéricos».*

En el fondo, la ancestral liturgia masónica sigue teniendo un peso mayúsculo en la actualidad. Según los estatutos de la Gran Logia de los Andes, de principios de este siglo, *«el masón debe ser un hombre (...) perfeccionado con el estudio de la doctrina masónica, con el proceso de su propia iniciación, a fin de ser útil en el progreso moral, intelectual y social de la humanidad».* Y respecto al Maestro, *«constituye el más alto peldaño que debe lograr el iniciado, en su permanente tarea de pulir su piedra bruta»,* ya que la maestría masónica *«tiene profundas significaciones filosóficas y psicológicas (...) que expresan la culminación de la formación masónica fundamental. (...) Donde el iniciado ha satisfecho el proceso de renovación y de cambio individual, cumplido a partir del proceso iniciático que lo ha llevado a la cubicación de su piedra bruta».* Lo anterior muestra que, a pesar de los años, el vocabulario utilizado actualmente se mantiene firme a los protocolos de antaño. Con todo, ello no debe influir en el enfoque y análisis de la masonería. El propósito e intención de la sociedad secreta está muy por encima de sus rituales, que al fin y al cabo son meros instrumentos de distracción. De hecho, personalidades con cierto grado de poder, llegadas o captadas por la masonería, no sufren los avatares de la iniciación, y pasan a grados superiores de un plumazo.

La masonería alcanza velocidad de crucero

A mediados del siglo XVIII la masonería ya se había introducido en la Europa continental, y el primer sitio donde lo hizo fue España. Aquí se instala la primera logia, concretamente en Madrid. Ferrer Benimeli en su libro 'La masonería española en el siglo XVIII' hace mención al Libro de Actas de la Gran Logia de Inglaterra, donde se menciona tal hecho. Y así figura inscrita en la Pine´s engraved list of Lodges de 1719, con el número 50, la logia French Arms situada en el número 17 de la calle San Bernardo, conocida no obstante como Las tres flores de Lis y posteriormente como La Matritense. Seguidamente, en 1729 se funda en el Peñón, la Gibraltar Lodge; la de Valencia en 1731; la de Cádiz en 1739; y poco después otras en Palma de Mallorca, Menorca —entonces bajo dominio inglés—, Zaragoza y, en 1748, Barcelona.

En el resto de países europeos sucedería algo similar. En Francia se abría la primera logia en 1725 y la segunda en 1729. Un año más tarde, en 1730, se hacía lo propio en Italia, concretamente en Florencia. En 1737, en Hamburgo tenía lugar la inauguración de la primera logia alemana. Aunque en todos los casos son ingleses los que se encargan de ello, esto no es óbice para que antes de mitad de siglo la mayoría de países europeos dispongan de logias. Se habían esparcido las semillas, y en poco tiempo darían sus frutos. Tanto es así que a partir de ello el avance de la masonería en la Europa continental resultará imparable; sólo habría que esperar un par de décadas y comprobar su fuerza.

No obstante, esta masonería, conocida ya como francmasonería, se topará con algunos obstáculos. El primero de ellos derivado de su propio impulso. Algunas logias, en especial las francesas y alemanas, quieren imponer su modus operandi. Con la creación del Gran Oriente en Francia, una especie de consejo francés de masones, se pierde la uniformidad, y la masonería continental se distancia de la anglosajona.

A su vez, en Alemania el profesor de Derecho canónico Adam Weishaupt funda en 1776 la secta de los Iluminados –Illuminati. Según cuenta César Vidal: *«La pretensión de Weishaupt era utilizar la masonería como sociedad secreta para llevar a cabo sus propósitos de cambio social y político»*. También sobre ello escribe Ferrer Benimeli: *«...ya en el siglo XVIII observamos que algunos sectores, en especial de la masonería francesa, italiana y alemana, derivaron hacia ciertos grupos más o menos heterodoxos»*. En el fondo no dejaban de ser ramificaciones de la masonería y, aunque la finalidad era la misma, las formas cambiaban y las bases también.

Otro obstáculo tiene que ver con el régimen político establecido, quien, al considerar peligroso el secretismo de este tipo de asociación, decreta en algunos de los países su prohibición y en otros la ilegalización. En España es el rey Fernando VI quien lo hace en 1751. También la Iglesia lanza su aviso a los fieles y, apoyada en bulas, exhorta a los católicos del peligro de pertenecer a sociedades en las que cabe cualquier tipo de religión. Así, en 1738, el papa Clemente XII es el primero en condenar este tipo de asociación. Luego, en 1751, en una nueva Carta Apostólica el papa Benedicto XIV incidiría en lo mismo. Todo ello ocasiona que los masones sean anatematizados, aunque ello no evitará su expansión y arraigo. A partir de aquí la lucha será sin cuartel. Con todo, a medida que el siglo avanza, la masonería se racionaliza por influencia del enciclopedismo, y así se conciben y se empiezan a desarrollar los nuevos dogmas que propugnan las ideas dominantes del momento.

Los impulsores del racionalismo, la mayoría masones –la plana mayor de la Ilustración, desde Diderot a Voltaire, se inicia en ella–, son los encargados de propugnar y publicitar las bondades de un nuevo régimen que, apoyado en el eslogan Libertad, Igualdad y Fraternidad, impactará de manera convincente en las mentes de la gente. Una trilogía revolucionaria que para De la Cierva es típicamente masónica. Así, la subversión francesa de 1789, en gran medida patrocinada por masones, daría pie y razones al Tercer Estado para acabar con el Antiguo Régimen. En ese tiempo, la masonería francesa contaba con un número aproximado de 80.000 miembros distribuidos a lo largo y ancho del país en 629 logias, de las cuales sólo 65 se encontraban en París. A una de ellas, la conocida como Nueve Hermanas, pertenecía un masón llamado Camille Desmoulins, quien se encargaría de conducir a las turbas de París hasta la Bastilla el 14 de julio de 1789. Todo, eso sí, precedido de la simbología que supone el asalto del pueblo a la tiranía. Otro masón, el marqués de La Fayette, asumiría el encargo de convencer al Rey para que abandonara Paris. Ello provocaría, a la postre, ponerle al alcance de la masa. Al final, tal como señala César Vidal: *«No resulta extraño que en julio de 1790 el gobierno español recibiera un informe de su embajador en París donde se indicaba que los masones estaban preparando una revolución que se extendería por toda Europa»*.

Con todo, lo cierto es que en la España del siglo XVIII apenas hubo masones o, mejor dicho, apenas hubo influjo masónico en la sociedad civil. No obstante, conviene hacer alguna puntualización. En 1766 se produjo una revuelta popular de alcance provocada, al parecer, por una toma de decisiones del que fuera ministro principal, el marqués de Esquilache, cuyo marquesado daría nombre al motín. No voy a entrar en los motivos que movieron a aquella gente a rebelarse. Digamos que hay versiones históricas diferentes. Lo que sí está claro es que el incidente sirvió para dos cosas: una, para elevar al conde de Aranda a mano derecha del rey, y dos, para expulsar a la Compañía de Jesús. Tal es así que el rey Carlos III destituye y destierra a Esquilache y toma como consejero principal al Conde de Aranda, quien a la postre no fue ajeno a los avatares del motín. Sin duda, Carlos III, que reinó desde 1759 a 1788, fue un buen rey, pero falto de personalidad y poco seguro de sí mismo, lo que le conduciría a apoyarse en alguien, en especial para las decisiones que tenían como protagonista al pueblo. Pocos meses después, Aranda, tras proyectar una orquestada investigación sobre los sucesos del motín en la que toman parte Roda, secretario de Gracia y Justicia, Campomanes, como fiscal del Reino, Floridablanca y José N. de Azara, presenta al rey el dictamen. En él se señala a los jesuitas como promotores e incitadores del susodicho motín. Posteriormente, pasa a otra junta compuesta por el duque de Alba, Grimaldi, J. Masones de Lima, Miguel de Múzquiz, Juan Gregorio Muniain y Joaquín Eleta, quienes ratifican la resolución. Así, a primeros de 1767, el rey firma el decreto de expulsión de la Compañía de Jesús de todo el reino de España, incluidos los territorios de ultramar. Una sentencia que se llevaría a cabo de manera rápida y expeditiva. La expulsión de los jesuitas no es un hecho menor y, a día de hoy, queda probado que fue una decisión política tomada por intereses partidistas, ajenos al interés general. Ser fieles defensores de la hegemonía vaticana, reacios al absolutismo y partidarios del laxismo moral en la enseñanza, les convirtió en elementos tóxicos para los mandatarios. A partir de ahí, nada sería igual en la Orden ignaciana.

La elección de Aranda como hombre fuerte del rey abrió la puerta de palacio a las ideas francesas provenientes del Enciclopedismo y la Ilustración y, junto con ello, a la influencia masónica que las guiaba. El noble era un enamorado del costumbrismo, de la ideología y literatura imperante por entonces en Francia. En su paso por Paris vivió de cerca la Ilustración, que hizo mella en su pensamiento. Allí conoció a Diderot, Voltaire, D'Alembert y otros enciclopedistas, en su mayoría masones. A partir de ahí su trayectoria se verá unida a personas cercanas a la sociedad secreta. Hoy son pocos los que niegan la pertenencia de Aranda a la masonería. Entre los partidarios del sí, el escritor e iniciado Galo Sánchez Casado y el también masón de grado 33 Miguel Morayta, autor de 'Masonería española. Páginas de su historia', quien mantiene que fue iniciado en París en 1760. Y si bien no se conoce con certeza si sus colaboradores eran personas ligadas a la escuadra y el compás, hay cierta unanimidad respecto a la influencia que los hijos de la viuda –apelativo con el que también son conocidos los masones– llegaron a tener en la Corte española de aquellos años. Sin embargo, se puede mantener que la incidencia de la masonería en la sociedad española de la época fue prácticamente nula. También su influencia, por mucho que algunas personalidades de altos estamentos fueran asiduos visitantes de las logias, que a decir verdad florecieron en número significativo en ese tiempo. Cuenta Morayta que: «*mandando Carlos III, la masonería empezó a tener un favorable concepto (...) aunque la masonería no tuvo la honra de contar entre los suyos con aquel gran monarca*». También para Vidal es un disparate pensar que el monarca fuera masón. Según el historiador: «*Carlos III no dejó de referirse a la masonería en sus cartas como 'grandísimo negocio' y 'perniciosa secta' enemiga del Imperio Español*». Por otro lado, las prohibiciones reales y papales hacen pensar que los masones que pudiera haber eran más bien pocos, y en todo caso extranjeros.

Tras la muerte de Carlos III llega al trono Carlos IV. Queda poco menos de medio año para que estalle la Revolución francesa. Menos capacitado que su padre deja todo en manos de terceros. Confirma en su puesto al conde de Floridablanca, quien conducirá las riendas del país mientras la revolución desangra Francia. Calmadas en parte las aguas del vecino país, en 1792 destituye a Floridablanca y nombra a Aranda como ministro principal. Su paso por la Corte será muy corto, tan solo unos meses, pero servirá para asentar y potenciar la labor de los hermanos masones. La razón que motivó su nombramiento se debía a los lazos que unían a Aranda con los revolucionarios franceses. En la mente del monarca estaba salvar la vida de su primo, el que fuera rey de Francia, Luis XVI, mediante la intercesión de Aranda, pero las cosas no salieron como estaban pensadas. La turba ya lo había sentenciado. Vista la inutilidad de la medida, Carlos IV, destituye a Aranda y nombra a su favorito Godoy. Un par de meses después, enero de 1792, muere ejecutado Luis XVI. A final de la última década del siglo XVIII, España contaba con más de 200 logias, si bien la presencia española en las mismas era escasa. Es más acertado especular que la masonería española empieza a tener acto de presencia, propiamente dicho, con la invasión napoleónica.

Ciertamente, será a partir de la Revolución francesa cuando la masonería, en sus diferentes ramificaciones, alcanzará una favorable velocidad de crucero. Ha vencido y convencido, pero también ha teñido con sangre la capital francesa. Y no sólo París, diversos otros puntos de la geografía del vecino país fueron a su vez testigos de la barbarie. Entre ellos cabe destacar la región de La Vendée, donde la revuelta contra la fidelidad católica acabó en un auténtico genocidio. Escuetamente, los sucesos fueron estos: los campesinos de aquella región se levantaron en defensa de sus creencias y fueron aplastados por el terror jacobino; una guerra civil dentro de aquella revolución, que acabaría con el exterminio de 117.000 campesinos en La Vendée. Lo que el reportero de la época, François Babeuf, bautizaría como un auténtico *populicidio*. Por otro lado, la región permaneció prácticamente deshabitada durante 25 años. El contenido de la carta que el político Jean-Baptiste Carrier remitió al general Nicolas Haxo muestra el punto de sinrazón de la crueldad: «*Entra en mis proyectos, y son también las órdenes de la Convención Nacional, quitar todas las subsistencias, los cultivos, los pastos, todo en una palabra en esta maldita región, quemar todos los edificios, y exterminar a todos los habitantes (...) Oponte con todas tus fuerzas a que La Vandée tome o conserve un solo grano (...) En una palabra, no dejes nada en este país de proscripción*».

La masonería del siglo XIX en España

En general, el reinado de Carlos IV –1788/1808– representa para la masonería un reducto de tranquilidad. Los masones españoles, que no son muchos, se mueven a su aire y van perfilando la escalada en puestos de toma de decisiones. Han sido iniciados, en su mayoría, en Francia una vez acabada la Revolución. Parece claro que ni Carlos IV ni su hijo y sucesor Fernando VII llegaron a ser iniciados. Sin embargo, también hay coincidencia en que hasta 1808 el Palacio Real albergaba el espíritu masón como si de un fantasma se tratara, y esto a pesar de la animadversión de Godoy a los hijos de la viuda. Destituido Godoy como primer ministro es nombrado para el cargo Juan Francisco de Saavedra y Sangronís, diplomático, afrancesado y masón. Así consta en el documento de Robert B. Folger 'The Ancient and Accepted Scottish Rite, in thirty-three degrees', donde aparece como primer Lugarteniente del Comendador del Antiguo Supremo Consejo Grado 33º de Nueva España y otros territorios, el Virrey de México, Bernardo de Gálvez. El dato no sólo es importante por la llegada del masón al gobierno de España, sino porque demuestra que aquella incipiente masonería se iba apoderando de los territorios de ultramar. Pero centrémonos en la España peninsular. Los problemas de salud de Saavedra hacen que tome las riendas del cargo Mariano Luis de Urquijo. No está claro que Urquijo hubiese sido iniciado, aunque hay quienes defienden esa postura, incluido el masón Miguel Morayta. Personalmente no he encontrado documentación que lo acredite, aunque eso tampoco indica que no lo fuera. Sólo añadiré que hay muchos masones, incluso hoy, que no alardean de tal condición.

Los primeros masones españoles fueron, en su mayoría, iniciados en Francia una vez acabada la Revolución. Vueltos a España, en principio se mantienen al margen, aunque inspiran a los franceses en la creación de logias. Así, en plena Guerra de la Independencia, los invasores crean en San Sebastián, en 1809, la primera logia francesa en España. A esta le seguirían otras en Madrid, Barcelona, Zaragoza, Vitoria, Gerona, Santander, Salamanca y Sevilla. Durante el tiempo que duró la invasión francesa se acrecienta la presencia de masones. Ya no son sólo personas influyentes y de alto rango, también aparecen profesionales de actividades de prestigio. Algunos de ellos, en gran número afrancesados, no tienen el menor recato en manifestar su pertenencia a la logia.

Meses después de la entrada del ejército francés en territorio español en octubre de 1807, se reúnen en Cádiz, primero en San Fernando y luego en la capital, los representantes de las juntas provinciales y locales que asumen la soberanía nacional. Serán estos los que darán forma a la Constitución de 1812. Se ha discutido sobradamente sobre la influencia masónica en la redacción de dicha Constitución. Entre los defensores del no se halla Vidal, para quien *«no deja de ser bien significativo que no hubo masones ni en el levantamiento nacional de 1808 contra los invasores franceses ni en las Cortes de Cádiz de las que surgió la Constitución de 1812»*. No obstante, existen otras voces que manifiestan lo contrario, no tanto porque el texto de la susodicha Constitución tenga ese carácter, que es cierto que no lo tiene, sino por la existencia de masones en su redacción. Tal es el caso del Conde de Toreno y de Antonio Alcalá Galiano. Ambos no niegan que la influencia masónica rondaba por ahí. Por otro lado, hay testimonio impreso en periódicos de la época, como el 'Diario Mercantil' y 'El Sol de Cádiz', que satirizan la presencia de los masones liberales. Incluso en otro periódico editado también en Cádiz, de nombre 'El Telégrafo Mexicano', en su edición de 31 de agosto de 1813 escribía: *«...ese Congreso de Cádiz lo es de mil partidos, incrédulos y fanáticos 'liberales' y 'antiliberales', sin contar los francmasones, en cuyos clubs asistiendo embajadores extranjeros, se fraguan los decretos, se organiza el Gobierno, y distribuyen los empleos de la Monarquía»*. Añadiré, como dato curioso, los resultados que arroja la búsqueda de las palabras 'masón', 'francmasón' y 'masonería' en la hemeroteca digital de la Biblioteca nacional de España de los años 1800 a 1813. Hasta 1809, o sea antes de la Asamblea constituyente, sólo aparece en un par de noticieros, concretamente en 'Diario de Madrid' en 1800 y en 'Atalaya patriótico de Málaga' en 1809. Posteriormente, de 1810 a 1813, son más de diez los periódicos que escriben sobre ello, y además en cantidad de ocasiones. Por supuesto, lo anterior no demuestra nada, pero sirve como termómetro de la presencia de la masonería en España y, por ende, de la influencia en la sociedad. Vistas las cosas, no parece descabellado mantener que la Constitución de Cádiz no fue obra de masones, pero sí que sobrevoló sobre ella el influjo masónico.

La llegada de José I, hermano de Napoleón, al trono de España –1808/1813– facilitó el avance de la masonería, si bien esta sería manejada por franceses. Hasta finalizada la guerra de la Independencia, en 1814, la masonería española es prácticamente dependiente de la francesa. Muchas de las logias tienen como maestros o bien a franceses afincados o a españoles venidos de Francia. Según escribe Ferrer Benimeli: «*Estos masones 'bonapartistas' hay que incluirlos dentro de esa corriente de opinión que pedía la libertad total de difusión de ideas y la supresión de la Inquisición como símbolo de opresión frente a la libertad que se reclamaba*». Será a partir de acabada la guerra cuando se puede hablar de lleno de masonería española. Los años de presencia francesa ejercieron una influencia muy importante en la expansión de la masonería, sobre todo en los afrancesados que veían a los del vecino país como héroes de la libertad. La masonería española empezaba a caminar y, aunque en los primeros años el camino tuvo baches, con el paso de los años los masones irían asfaltando aquel tosco camino hasta convertirlo en una ancha carretera, donde los hijos de la viuda circularán con total libertad.

Con el regreso de Fernando VII, en 1814, se acabaría nuevamente con el incipiente avance de la Organización. Durante seis años los masones volverían a estar perseguidos. Después, a lo largo del Trienio Liberal –1820/1823–, retornarán si cabe con más fuerza y se afianzarán en lo que resta de siglo; y si bien durante la Década Ominosa –1823/1833– volvió la represión, la verdad es que el monarca contó con ellos en sus gobiernos. Buena muestra de lo sucedido es, según cuenta Sánchez Casado, la presencia de ilustres masones en los ministerios, tales que Agüelles, García Herreros, Martínez de la Rosa, Calatrava, San Miguel, Fernández Gasco, Capaz, Torrijos y Vadillo. A partir de 1820 se incrementará el número de logias. Incluso Pérez Galdós dedica la entrega 'El Grande Oriente' de sus 'Episodios Nacionales' a la naciente masonería, situando la historia en 1821. La masonería se había infiltrado en todos los organismos del Estado, tomando el control del poder civil y militar. Curiosa, cuando menos, esta situación para una entidad que según sus estatutos alardeaba de no entrometerse en la política de los países. Pura patraña que quedará al descubierto a medida que avance el siglo. Valga como ejemplo el hecho de que, tras la proclamación de la I República, el que fuera jefe de Gobierno con Amadeo de Saboya, y a su vez Gran Maestro del Grande Oriente de España entre 1870 y 1874, indica la conveniencia de clarificar la posición de los masones ante la política. Para aquel masón, que llevó las riendas de la jefatura de Gobierno, presidió las Cortes y fue ministro de dos carteras, Fomento, y Gracia y Justicia, Manuel Ruiz Zorrilla, *«la masonería no es ningún partido político, sino una comunidad de ciudadanos trabajando por la libertad, igualdad y fraternidad de todos los hombres»*. Palabras ciertas sólo en parte, ya que siendo verdad que la masonería no es un partido político en sí mismo, también es cierto que la importante cantidad de masones asentados en los altos estamentos de la política hacen que la sociedad a la que pertenecen sea de facto un poder político.

Los nuevos objetivos a escalar por la masonería serán la enseñanza, la familia y la Iglesia. Esta última, la más complicada de tomar, se atacará en primera instancia mediante la usurpación de sus bienes vía desamortización. Las tres desamortizaciones llevadas a cabo en el siglo XIX las encabezan tres masones. Mendizábal –1836 y 1837–,

LOS MASONES SIGUEN ENTRE NOSOTROS

Espartero –1841– y Madoz –1854 y 1856– son los encargados de dejar libres los bienes amortizados, principalmente los pertenecientes a la Iglesia. Visto con perspectiva, el proceso desamortizador no cumplió con el objetivo social previsto, pero fue un duro golpe para el clero, que vio mermado no sólo su patrimonio económico sino también el vocacional. La supresión de conventos hizo que muchos religiosos tuvieran que marchar fuera de la península. Según cita J. Caro Baroja en 'Introducción a una Historia Contemporánea del Anticlericalismo Español', el político y masón Fermín Caballero dejó escrito: «*La extinción total de las órdenes religiosas es el paso más gigantesco que hemos dado en la época presente; es el verdadero acto de reforma y de revolución*». Por su parte, para el político Ángel Fernández de los Ríos, «*la mayor parte de los frailes estaban provistos de vestidos profanos, y pocos pidieron compañía para salir de los conventos*».

Una de las principales aspiraciones de la masonería era hacerse con el control de la educación; todo, según ellos, en pro de una enseñanza laica. Lo cierto es que hasta bien entrado ese siglo la enseñanza había estado en manos de los religiosos. La práctica totalidad de universidades tenía carácter católico. Tal como detalla Ferrer Benimeli; «*Uno de los objetivos prioritarios que se propusieron los masones españoles (...) fue no sólo crear una corriente de opinión favorable a la emancipación de la enseñanza (...) sino la puesta en práctica de estos ideales con la creación de escuelas laicas e instituciones docentes sostenidas por las logias*». Así, se funda en Barcelona, en 1880, la Sociedad Catalana de Amigos de la enseñanza Laica, a la que luego siguió el Centro Cosmopolita de Enseñanza Libre Popular de Cataluña. Posteriormente, en 1889, se organiza el primer Congreso de Amigos de la Enseñanza Laica y el Congreso Pedagógico de Barcelona, donde se crea la Confederación Autónoma de Amigos de la Enseñanza Laica. Aunque lentamente, el trabajo masónico va dando su fruto.

Los otros dos objetivos, familia e Iglesia, seguían inmunes, si bien el primero intentaba ser tentado con la aparición de las primeras logias donde la presencia de la mujer empezaba a ser permitida. Para la masonería estaba claro: no se podía acabar con la familia tradicional sin la participación de la mujer. Había que hacerla suya. Al principio se trataba de logias mixtas, en puridad logias en las que el papel de la mujer era simplemente testimonial. Con el tiempo ese papel comenzará a tener mayor relevancia. Según Ferrer Benimeli: *«la masonería de adopción o de 'damas' rebrotó con fuerza a finales del XIX (...) También se constata la presencia de mujeres en algunas logias masculinas españolas, en las que se iniciaron mujeres en el rito (...) mujeres que asistían regularmente a los trabajos de la logia y en la que podían también obtener cargos de responsabilidad»*. Los movimientos en favor de los derechos de la mujer llegan a España avanzado el siglo XIX, y será nuevamente la libertad el eslogan que lo patrocine. La polémica sobre la naturaleza de la mujer, nacida de la Ilustración, da pie a un incipiente feminismo. Pero lo que en teoría es de justicia, primero la emancipación y luego el sufragio, serán utilizados con el tiempo para contraponer sibilinamente a la mujer frente al hombre. La masonería siempre ha sabido utilizar el avance y el progreso propio de la sociedad en beneficio suyo y, además, no tiene prisa.

Tras el triunfo de la Gloriosa –1868– el avance de la masonería resultó espectacular. Los masones habían asumido altos cargos dentro del poder militar –entonces de suma importancia– y en el civil. A medida que avanza el siglo ambos estamentos serán dominados por masones. Juan Prim, Ruiz Zorrilla y Mateo Sagasta, todos ellos presidentes de Gobierno, eran masones de grado alto. Por aquellos años la masonería española se hallaba escindida básicamente en dos grandes consejos, el Gran Oriente de España y Gran Oriente Nacional. Pues bien, de los 14.358 masones que pertenecían a este último, 1.033 estaban relacionados con el poder judicial –jueces, fiscales y abogados– y 1.094 eran militares, mientras que un número indeterminado tenía relación con la política y la alta administración del Estado. A partir de ahí sólo les quedaba apropiarse de los otros bastiones. Y como ya sabemos, tanto la familia como la Iglesia, en mayor o menor medida, acabarán cediendo a lo largo del siguiente siglo.

Para la masonería española el siglo XIX representa su asentamiento como organización. En poco más de medio siglo ha conseguido penetrar en todos los estamentos de la administración del Estado, algunos de los cuales dirige. Los defensores de la Organización secreta se escudan en que era necesario regenerar aquella España conservadora y atrasada, reacia a cualquier cambio. Según ellos, había que imponer instituciones liberales progresistas que cambiaran la mentalidad de las gentes, y para ello era necesario apropiarse de la enseñanza. Pero en verdad, finalizado el siglo las cosas seguían igual o peor. A pesar de las nacientes sociedades de libre enseñanza, el porcentaje de analfabetismo se mantendrá sin cambios hasta bien entrado el siglo XX. Visto todo con la perspectiva que da el tiempo, lo único cierto es que aquella sociedad, harta de tanta ineficacia política, se mantuvo fiel a sus creencias y sus costumbres, y la laicidad que se pretendía instaurar sólo lo hizo en un sector muy pequeño, aunque influyente.

La matanza de clérigos en la España del siglo XIX

Durante la práctica totalidad del siglo XIX la Iglesia española es diana de los liberales. El papel fundamental que había tenido la Iglesia en periodos anteriores empieza a cuestionarse con la llegada de las tropas napoleónicas. Sin duda, la influencia de la Revolución francesa comienza a crear un caldo de cultivo anticlerical que poco a poco irá calando en parte de la población. La llegada al poder de los primeros ministros masones durante el Trienio Liberal –1820/1823– retomará la labor de zapa contra la Iglesia, tras unos años de cierto hostigamiento hacia la masonería. Muerto Fernando VII llega al trono su hija Isabel, aunque su minoría de edad hace que sea su madre, María Cristina, quien se haga cargo de la regencia del reino. En general, tanto las regencias como el reinado de Isabel II procuran una serie de gobiernos, llamados liberales, donde la masonería campa a sus anchas. Son años, también, de conflictos y guerras; toda una época de convulsión política provocada en gran parte por la Pragmática Sanción de 1830 que modificaba los derechos de sucesión al trono. Y junto a todo ello un desmesurado ataque a lo católico, centrado en la clerecía y en el patrimonio eclesiástico.

La presencia de masones en la política española del siglo XIX fue amplia y profunda. Amplia, por cuanto eran muchos los estamentos oficiales en manos de masones, y profunda, por haber sido muchas las veces que llegaron a presidir el consejo de ministros. Conviene dejar esto claro, ya que es al gobierno a quien se debe achacar, por acción y omisión, la persecución religiosa que padeció España, primordialmente en la primera mitad del siglo. He dicho acción, dado que promocionó, desde las instancias gubernamentales, un asalto a la congregación religiosa y patrocinó toda una atmósfera de opinión anticlerical. Y también he escrito omisión, por no haber dispuesto las medidas necesarias para evitar los ataques del populacho, ni castigado aquellos excesos.

Desde el mes de mayo de 1834 se oía en los cenáculos de la capital un runrún de degüello, que como hecho no tardaría en constatarse. Al mismo tiempo, por las calles se tarareaban párrafos de cariz masónico: «*Muera Cristo, viva Luzbel, muera Carlos, viva Isabel*». Y llegado el 17 de julio se produjo el macabro suceso que hoy se conoce como la matanza de frailes. A lo largo del día se asaltaron varios conventos y se dio muerte al menos a 71 religiosos. Todo bajo la permisividad del gobierno que presidía el masón Martínez de la Rosa, a quien no le empachó declarar posteriormente que aquello «*fue obra de las sociedades secretas para precipitar la revolución y arrojar del mando al partido moderado*». Al hecho anterior hay que añadir la quema de iglesias y conventos; en el fondo todo aquel ataque estaba perfectamente planeado. Tal como relata Vicente de la Fuente, «*Todo lo que se ha hecho en perjuicio de la Iglesia desde 1834 hasta 1870 inclusivo, todo ello estaba previsto, (...) todo ello se sintetizaba en la palabra exclaustración. (...) la frase que se usaba y se repetía entonces era ¡quitando los nidos no volverán los pájaros!*».

Aquellos hechos los refleja de manera excepcional el entonces abogado del Consejo Real y de los Tribunales Nacionales, Cayetano Navarro de Cea, en un opúsculo de título 'Memoria de los sucesos de Madrid en los días 17 y 18 de julio de 1834'. El 'Diario de León' publicó el 28 de febrero de 2010 dicho relato firmado por Vicente M. Encinas, con el título 'Testimonio inédito de los sucesos de Madrid de 1834'. De él extraigo parte de su contenido: «*...al oír los gritos de "Mueran los frailes, estamos vendidos, nos van a envenenar a todos" (...) "Los frailes son los que proyectan esta horrible trama". Estos gritos de alarma me llenaron de espanto (...) Salí de casa (...) Se notaba gran inquietud y mucha confusión. (...) Advertí un inmenso gentío en la calle de Toledo, y viendo que conducían a un cadáver en unas angarillas, me acerqué al corro y noté que era un pobre donado o lego de San Francisco, lleno de* *sangre y estocadas, con la cabeza dividida en tres o cuatro rebanadas, porque según decían le cogieron in fraganti con el veneno. Efectivamente, llevaba sobre el pecho el supuesto cuerpo del delito en un paquetito de papeles cuadrados sueltos. Para cerciorarme por mí mismo cogí uno de aquellos papeles, pero ¿cuál fue mi sorpresa al ver que era un sinapismo cargado de mostaza que sin duda llevaba para algún religioso enfermo? (...) Crece el alboroto y se redoblan los gritos de muerte. Sitian el Colegio Imperial de la Compañía de Jesús de San Isidro. (...) Rompen las puertas, destrozan cuanto encuentran; (...) se introducen por los claustros, asesinan sin piedad a los infelices religiosos (...) De allí se dirigieron al Convento de Predicadores Dominicos de Santo Tomás y degüellan a sangre fría a los inermes religiosos. Robos, muertes, desgracias inauditas se vieron en la calle de Atocha. (...) Nada, ni aun remotamente, se encontró que justificara los delitos que se imputaban a los religiosos (...) ningún hombre sensato les prestó la menor atención, nadie creyó tan ridícula patraña. Entre 10 y 11 de la noche se renuevan los gritos con doble furia. San Francisco el Grande, los Religiosos mendicantes (...) Cercan los conventos por todas las partes, rompen las puertas, introducen la sangre y devastación en las humildes celdas (...) El clamor triste de las campanas pidiendo socorro, los horribles gritos de la chusma que discurría por las calles con teas encendidas, la oscuridad de la noche, el estruendo de los tiros, el movimiento de las tropas, todo formaba el más terrible e imponente contraste. Hartos de sangre y de crímenes se dirigen al Convento de Ntra. Sra. de la Merced, donde emplearon lo que restaba de aquella noche fatal degollando sin piedad a los religiosos indefensos. Luego se dirigieron al Convento de Atocha, pero la Autoridad los atajó».*

Judicialmente, todo acabó en una hilarante representación jurídica, con dos condenados y la ausencia de pruebas que relacionasen a los asaltantes con alguna organización política o secreta. Para aquel tribunal quedó claro que la mayoría de los participantes provenían de los suburbios y afueras de Madrid. Parafraseando a Julio Caro Baroja, aquel proceso liberal convertiría a la Iglesia y toda su actividad en algo perverso, y llegaría un momento en el que el pueblo percibiría a aquella como el enemigo a batir.

Con todo, el asesinato de clérigos no se limitaría a Madrid. Un año después, en julio de 1835, recién llegado a la presidencia del Gobierno el también masón José María Queipo de Llano, se extendería a Zaragoza, Barcelona, Reus y otras localidades catalanas. En todas ellas se atacarían y quemarían distintos conventos y se mataría a buen número de frailes. Escuetamente, el relato de los hechos es el que sigue. Zaragoza, 6 de julio. Se atacan los conventos de Santo Domingo, San Lázaro y San Agustín, y se acaba con la vida de más de una decena de frailes. Previamente, el 3 de abril, se habían asaltado el convento de la Victoria y el de San Diego y matado a media docena de frailes. Reus, 19 de julio; las víctimas fueron al menos once frailes, y se quemaron los conventos de San Francisco y el de los carmelitas. Barcelona, 25 de julio; hubo un mínimo de 16 frailes asesinados. La turba empezó apedreando la basílica de Nuestra Señora de la Merced y el convento de San Francisco, y acabó prendiendo fuego a seis conventos: dominicos, agustinos, trinitarios, carmelitas –calzados y descalzos– y mínimos.

En todos los casos, al igual que sucedió en Madrid, se hace reo de algún nefasto suceso a la comunidad religiosa y se lanza contra ésta a toda la plebe. En ella pulula el anticlericalismo que durante años había inoculado el liberalismo masón. A modo ilustrativo, inserto a continuación lo que publicaba el diario de la época 'El Eco del Comercio' relativo a los sucesos de Reus y Barcelona. En su número 458 de 1 de agosto, referido a lo ocurrido en Reus, escribía: «*Los Urbanos de Reus, (...) sufrieron varias descargas de unos facciosos, según se asegura, capitaneados por un fraile (...) Se difundió en la población la aciaga noticia de lo que había ocurrido, apoderóse de los ánimos de la muchedumbre una terrible indignación (...) A las 10 de la noche (...) veíanse infinidad de mujeres cargadas de leña y llevando grandes vasijas llenas de aceite de trementina y otras materias muy inflamables (...) reunidos, corrieron en tropel a San Francisco pegaron fuego al edificio, y pasaron al mismo tiempo a cuchillo a cuantos frailes encontraron. (...) A las 6 de la mañana siguiente ardía todo el edificio: nada absolutamente se ha salvado. A cosa de la una de la noche dirigióse otro crecido grupo a los Carmelitas descalzos, donde repitieron igual escena: tampoco se salvó nada del furor de las llamas».* Y respecto a los de Barcelona, en su edición de 2 de agosto: *«... por la tarde hubo función de toros y salieron tan malos que se incomodó el pueblo (...) Como por vía de desahogo cogieron un toro, le cortaron las patas, y tomando la maroma de la contrabarrera le arrastraron con ella por varias calles (...) De aquí se pasó a pegar fuego a los conventos, habiendo ardido completamente Sta. Catalina, Trinitarios descalzos, S. Agustín, Carmelitas descalzos y calzados (...) Han resultado algunos frailes muertos, ya de las llamas y humo, y ya también a golpes de mano airada en lo oculto (...) Solamente ha sido conducido a las reales cárceles un joven, que por el decidido empeño del pueblo ha sido forzoso ponerlo en libertad».* Por supuesto, en ninguno de los casos hubo culpables. Aquella chusma que provocó la barbarie no lo hizo de forma espontánea, detrás estaba la oficialidad del Estado.

El periodismo de opinión no es ajeno al movimiento anticlerical que reinaba en esos tiempos. Los diarios de mayor tirada se encargan de expandirlo, y los pocos e influyentes lectores de transmitirlo al gentío. El asesinato y la quema de conventos son para el diario 'El Eco del Comercio' simples *«desordenes de Reus y Barcelona»* y no es *«necesario ni oportuno el entrar en el examen de ese furor ciego que se ha manifestado contra los frailes y sus conventos»,* tampoco lo es *«demostrar la criminalidad de los actos que lo aseguran».* Pero si algo llama la atención del articulista es que, *«cualesquiera que sean las verdaderas causas del mal, el castigo de estos excesos por sí solo no basta a contener la ejecución de otros semejantes»;* y propone como solución eficaz, *«la pronta supresión de las comunidades religiosas»,* pasando sus propiedades a beneficio del Estado, ya que *«así se dará aliento al crédito nacional con cuantiosos bienes»*, que *«aumentarán considerablemente los medios de producción y la riqueza»*.

Son años en los que se ataca ferozmente a la Iglesia católica. El objetivo es acabar con ella, amenazando e incluso asesinando al clero, desprestigiando las vocaciones y al final cercenar su patrimonio. En todo ello se emplea a la prensa de entonces. Sin ánimo exhaustivo, resumiré algunos artículos de opinión. Así opina el diario Revista Española en su número 454 de 30 de julio de 1835, acerca del Decreto sobre extinción de conventos. *«... el gobierno está dispuesto a marchar con pasos atrevidos en la carrera de las reformas, pues una medida que suprime cerca de 900 conventos, no es anunciada sino como parte de plan preparado para el arreglo de la iglesia (...) da esperanzas de mejoras aún más importantes para el porvenir, y calma así la irritación de los ánimos. Decretos como este y el de ayuntamientos, son el medio verdadero de mantener el orden»*. El mismo periódico en posteriores ediciones –1 y 3 de agosto– volvería a insistir en el asunto. Tanto en señalar al culpable, *«Es necesaria una providencia más decisiva que la tomada sobre los conventos. Por el bien de los mismos religiosos, por el de la paz pública, por quitar a los turbadores de esta, y criminales, una ocasión de serlo, (...) es preciso, indispensable, que desaparezcan los regulares»*. Como en encontrar motivo para el saqueo *«de esos tesoros, de que somos dueños»*. Porque, *«llenos están de ellos esos conventos que más temprano o más tarde habrán de desaparecer, (...) porque los cenobitas no son de nuestro siglo, porque nuestro siglo concibe ya una religión grandiosa y con consuelo, sin víctimas fanáticas ni fanatizadoras»*. Especial mención merece este último párrafo al referirse a una religión en clave masónica. Acabaré este capítulo con esta otra frase que no tiene desperdicio; la que a modo de pregunta lanza el autor del artículo. *«¿Qué de riquezas literarias, históricas, artísticas no encierran esos conventos, destinadas acaso por una fatal imprevisión, a ser presa algún día de las llamas, o del saqueo?»*. En verdad, todo aquello ardería o se saquearía. Y lo que no lo fuera en ese momento, sería más tarde rapiñado de manera legal. El tiempo, como siempre, se convierte en juez que dicta la verdad sobre hechos pasados, y está claro que el tesoro sustraído a la Iglesia no tendría la finalidad propuesta por aquellos masones. Desde las más elementales piezas áureas que se fundirían, hasta la más preciada presencia cultural y artística que se evaporaría.

Influencia masónica en la independencia hispanoamericana

Se puede aseverar con total certeza que el siglo XIX es el del asentamiento de la masonería en España. Un siglo, también, en el que el otrora Imperio español se desmorona de manera fatídica, merced en gran medida a aquellos siniestros, cobardes y cortoplacistas borbones, padre e hijo, que traicionaron la dignidad de un pueblo. Cierto es que la independencia de los territorios españoles en América, en parte contagiados por la liberación de las colonias inglesas en el norte del continente, era un hecho irreversible. Pero también es cierto que se aprovechó la debilidad española del momento para acelerar ese proceso, que además costó ingente cantidad de vidas humanas en guerras perdidas de antemano. A partir de 1810, aquellos territorios de ultramar comenzarán a declarase independientes de la Corona, y se formalizarán como estados republicanos. Un hecho que se acabará consolidando en la siguiente década, quedando sólo Cuba y Puerto Rico como únicas provincias españolas en América.

Pero lo sucedido no fue sólo culpa de la actuación felona de aquellos monarcas. A ello también contribuyó en gran medida la masonería inglesa, y por derivación la española que, como afirma De la Cierva, se encontraba al servicio de la política exterior británica. Los ingleses nunca perdonaron nuestro Descubrimiento, y la masonería fue el instrumento que utilizaron para fustigar al acérrimo enemigo. Así, desde un principio, a diferencia de lo que ocurre en el caso inglés e incluso en el francés, donde siempre se vio con buenos ojos el expansionismo colonial, la masonería se encargó de criminalizar todo aquello relacionado con el Imperio español. Y no sólo lo hizo antes, también ahora puede apreciarse el doble rasero que se utiliza y las mentiras que se vierten sobre el mayor hecho histórico.

Antes de continuar, conviene fijar la atención en lo que sucedió en el norte del Continente. En 1730, pocos años después del nacimiento oficial de la masonería, tanto Massachusetts como Pensilvania disponían de logias. Si bien en un principio bajo el amparo de la Gran Logia de Inglaterra, después se independizarían y ambas se transformarían en Gran Logia. Es el inicio de la insurrección contra la Corona inglesa. La llama libertaria y revolucionaria que propugnaban los masones de las grandes logias de las colonias se extiende por otras. Así, al poco, mediado el siglo, el foco insurgente se amplía por toda la costa oriental de Norteamérica: New Hampshire, Massachusetts, Rhode Island, Connecticut, New York, New Jersey, Pensilvania, Delaware, Maryland, Virginia, North Carolina, South Carolina y Georgia son trece de las colonias que animan a la sublevación. Poco quedaba para una inevitable guerra que pondría fin a su sumisión a Inglaterra. Tal como escribió Chesterton: «*América obligó a la guerra. (...) No reparaba en sus pecados como colonia, pero insistía en sus derechos como república. (...) La justificación de los colonos estaba en que se sentían capaces de ser algo, y sentían —con razón— que Inglaterra no les ayudaría a serlo. Probablemente, se les hubiera otorgado toda clase de concesiones y privilegios constitucionales, pero nunca la igualdad; no digo la igualdad con la metrópoli, sino la mutua igualdad de los colonos*».

Volvamos a España. Culpar a los monarcas no es algo gratuito, sino procedente. Intentaré justificar el porqué. Sus reinados fueron todo menos patrióticos. En primer término, Carlos IV, personaje pusilánime y manipulable, abstraído por la caza y otras distracciones ajenas al trabajo que como rey le correspondía. Él pondrá su regio absolutismo en manos del ilustrado Godoy, su favorito. Este será el encargado de negociar los tratados de Aranjuez —1801— y de Fontainebleau —1807—, ambos de fatales consecuencias para las mermadas arcas de la España de entonces, y que sumieron aún más a esta en la irrelevancia internacional. Antes, durante el primer gobierno de Godoy, Carlos IV había dado suficientes muestras de inoperancia e incapacidad política al permitir que su favorito nos llevara a una conflagración perdida de antemano: la conocida como Guerra de la Convención, en la que nada se nos había extraviado. En segundo lugar, Fernando VII, aquel deseado al que luego el pueblo llamaría felón, en parte por aquella siniestra carta dirigida a Napoleón en la que mostraba el deseo de *«ser hijo adoptivo de S. M. el emperador nuestro soberano»*. Tras la deposición y huida de su padre, de la que no fue ajeno, ocuparía el trono vacante de marzo a mayo de 1808. Pero la suerte estaba echada y el monarca lejano al pueblo que le vitoreó, escapa de Madrid y marcha a Francia. Allí su admirado Napoleón lo recluirá en una disimulada prisión. Llegado el 2 de mayo, el pueblo, sin nadie al frente, saldrá a la calle a defender lo que ni padre ni hijo hicieron: España.

Sé que lo anterior es una brevísima visión de lo acontecido. Tampoco está en mi ánimo pormenorizar en aquello que es cosa de historiadores. Simple y llanamente, lo he traído como esbozo para poner en perspectiva la realidad de aquellos años. Unos años que fueron el preludio de la decadencia española y por ende de lo que luego sucedería. Aquellos monarcas no prestaron la menor atención a la España de ultramar y ésta, viendo la indiferencia que recibía de la Metrópoli, decidió incubar el huevo de la independencia. Por un lado, el fenómeno no era nuevo, y la influencia de lo sucedido en las colonias de América del norte propiciaba la aventura. Por otro, Inglaterra, apoyada por su masonería –o viceversa, así lo entiendo yo–, encuentra causa justa y apoya la iniciativa, dándonos, a la vez, un agudo coscorrón por entrometernos en sus intereses.

Las diferencias entre lo sucedido en la América al norte de rio Grande –para otros rio Bravo– y en la del sur respecto a la independencia fueron más que sustanciales, y conviene dejarlas claras. Los llegados a la América norteña eran en su totalidad colonos procedentes en su inmensa mayoría de Inglaterra, y actuaban al margen del amparo monárquico. La conquista fue una obra personal de los colonizadores, que operaban al margen de leyes y órdenes reales. No les movía ningún afán religioso, y menos evangelizador; simple y llanamente el interés personal. No hubo mestizaje; más bien un auténtico exterminio de los nativos. Lo anterior contrasta con lo ocurrido en la América hispana. Ahí hubo mestizaje desde el primer momento. La sociedad del centro y sur de la América del siglo XVIII se componía, en su inmensa mayoría, de ciudadanos nativos y mestizos. Por otro lado, los territorios hispanos nunca fueron tratados como colonias, sino como regiones de España, y gozaban de los mismos derechos y obligaciones que la metrópoli. Otro hecho diferenciador y de suma importancia que conviene recalcar: la conquista española fue patrocinada por la Corona, quien por ley había puesto el interés de los nativos a la altura del resto de españoles. Y junto a ello, el mandato religioso de llevar la fe en Cristo.

No podemos dejar de lado el hecho religioso. Este encargo que se llevó con aplicación y esmerada diligencia es otro de los puntos a tener muy en cuenta. A diferencia de cómo lo hizo en los territorios dependientes de la corona inglesa, la masonería apenas se había infiltrado en la América hispana. Hasta comienzos del siglo XIX es muy escasa la presencia de masones en estos territorios, y el número de logias es nulo. Fuera de Norteamérica, la primera institución masónica de la que se tiene constancia es el Suprême Conseil des Iles du Vent et Sous le Vent –Consejo Supremo de las Islas de Barlovento y Sotavento–, que fundó en 1801 el francés Alexandre Francois Auguste de Grasse –1765/1845. Dentro del ámbito hispanoamericano, habría que esperar a 1812. Entre ese año y 1827 se crearían varías logias en Argentina, México y Colombia. Sin duda, la situación de debilidad por la que atravesaba España, en parte por la invasión napoleónica y en otra por la felonía e ineptitud de aquellos borbones, propició el camino a la masonería inglesa para la venganza. Lo anterior no resulta baladí, y explica bien a las claras que sin el apoyo de la masonería anglosajona las cosas no se habrían acelerado tanto.

LOS MASONES SIGUEN ENTRE NOSOTROS

Uno de los personajes que más incidió en la emancipación de la América hispana fue José de San Martín. El conocido como libertador americano llegó a España a muy temprana edad, y aquí se crio y educó. También se graduó como militar en el Regimiento de Murcia. Asimismo, fue en España donde se inició como masón. En 1811, con respaldo francés, marcha para Suramérica, no sin antes visitar en Londres la logia La Gran Reunión Americana. Allí se reúne con otros compinches que le acompañarán a bordo de una fragata inglesa hasta el Río de la Plata. En la mente de San Martín estaba el proyecto de independencia. Una vez en Buenos Aires, en 1812, fundó junto a Carlos María de Alvear y José Matías Zapiola la logia Lautaro, desde la cual se fraguaría la conspiración independentista.

El otro personaje, que a su vez resultó fundamental en la independencia de las regiones hispanas en América, fue el también masón Simón Bolívar, quien llevaría a cabo la sublevación del territorio que hoy ocupan naciones tales como Colombia, Venezuela, Ecuador, Perú y Panamá. Junto a él, otro masón, Bernardo O'Higgins sería el encargado de emancipar Chile. Pero para estos masones la independencia de los territorios hispanos no se significaría por la consecución del poder político. A diferencia de lo ocurrido en Norteamérica, ese poder acabaría en manos de élites ajenas a ellos. Tal vez ello provocó, en 1828, que Bolívar acabara promulgando un decreto en contra de todas las sociedades secretas, fuera cual fuese su denominación. La norma venía a decir: *«Habiendo acreditado la experiencia, tanto en Colombia como en otras naciones, que las sociedades secretas sirven especialmente para preparar los trastornos políticos, turbando la tranquilidad pública y el orden establecido (...) hacen presumir fundamentalmente que no son buenas ni útiles a la sociedad»*.

Posteriormente, el Desastre de 1898 también tuvo patrocinio masónico. José Martí, el que sería líder de la independencia cubana, fue iniciado en la logia Armonía de Madrid. Ya en Cuba, lidera la sublevación con el apoyo de logias americanas, la Félix Varela de Cayo

Hueso y La Fraternidad de Nueva York. A la par, José Rizal, otro masón iniciado en la logia madrileña Solidaridad, se encargaría de la insurrección en Filipinas. En este caso con el visto bueno de masones españoles como fueron los políticos, Segismundo Moret, José Francos Rodríguez, Pi y Margall y Miguel Morayta –Soberano Gran Comendador del Supremo Consejo del Grado 33. Incluido el entonces ya fallecido Manuel Becerra que, al igual que los otros, era partidario de la independencia de aquellas islas. Unas islas que, curiosamente, dejarían de pertenecer a un imperio para pasar a otro: al estadounidense.

Según escribe De la Cierva en su libro 'Masonería en España. La logia de Príncipe 12', «*El siglo XIX de España, cuya historia no se entiende sin el desarrollo y la acción masónica, terminó en el Desastre por el que perdimos Cuba, Puerto Rico y Filipinas en 1898 (...) Los dos apóstoles de la independencia, José Martí en Cuba y José Rizal en Filipinas, eran masones*».

Por mucho que algunos defensores de la masonería se esforzaron, y se esfuerzan, en presentarla como aliada de la libertad y contraria al imperialismo, la verdad es que eso es pura propaganda de parte. Más cierto es decir que la masonería se mantuvo fiel al colonialismo inglés, el cual, por otra parte, se perpetuó hasta bien avanzado el siglo XX. Y si se me apura, apegada a la esclavitud que, mírese como se mire, también ha tenido como nexo de unión a todo el mundo anglosajón. Desde los Estados Unidos a Australia, pasando por toda África y la India. Sin olvidarnos de Francia, Bélgica y Holanda.

Masonería: revoluciones y guerras

Mantener que la masonería ha tenido relación con las modernas revoluciones, con la independencia ibero-americana o con las grandes guerras no es una temeridad. No obstante, según cuenta César Vidal, no hay razones de peso para pensar que fuera la masonería de por sí quien procuró la Revolución americana. Los conflictos coloniales entre Inglaterra y Francia, en especial el previo a la guerra de los Siete años –1754/1755–, supuso la pérdida de importantes territorios franceses en América, y la constatación del dominio británico en el norte de América. Por ello, no es de extrañar que Francia se convirtiera en aliado de la futura sublevación colonial y a favor de su independencia. Ahí queda el apoyo que personajes como el marqués de La Fayette dieron a los sublevados. Pero, aun dando por bueno que la chispa de la independencia americana no hubiera sido producto de una maniobra masónica orquestada, lo cierto es que los principales padres de la futura nación eran en su mayoría masones. Tanto Benjamin Franklin, quien labró el apoyo político de Francia, como George Washington, futuro primer presidente, habían sido iniciados como maestros. Se tiene la plena seguridad de que 9 –Ellery, Franklin, Hancock, Hewes, Hooper, Paine, Stockton, Walton y Whipple– de los 56 firmantes de la Declaración de Independencia –1776– eran masones, y otros 16, aunque la documentación existente no es del todo fiable, parece que también. Junto con ellos, 22 de los 39 firmantes de la Constitución –1787– también lo eran, o llegaron a serlo posteriormente. Su papel moneda sigue dejando constancia de la influencia masónica en aquel país. A ello cabe añadir el importante papel que jugó La Fayette como general dentro del ejército independentista. Él sería el gran artífice de la futura relación masónica entre la nueva nación y Francia. Tampoco resulta baladí el hecho de que la ceremonia de toma de posesión del primer presidente estadounidense fuese marcadamente masónica. Fue dirigida por el general masón Jacob Morton, y el futuro presidente juraría su cargo sobre una Biblia traída exprofeso desde la logia de San Juan de Nueva York.

Si bien pudiera matizarse una maquinación masónica en la Revolución americana, no sucede igual en el caso francés. Las dificultades económicas del momento obligaron a Luis XVI a convocar los Estados Generales. Reunidos en Versalles el 4 de mayo de 1789, los representantes del Tercer Estado, con el masón Honoré Gabriel Riqueti, conde de Mirabeau, al frente, desafían al sistema y piden la transformación de ese Tercer Estado en una Asamblea nacional con poderes legislativos. El primer paso hacia el levantamiento estaba dado, aunque posiblemente Mirebeau nunca imaginara el final al que conduciría aquel movimiento. Después, otros dos masones, Desmoulins y La Fayette, serían los encargados de poner la espoleta al proceso, mientras que otros dos, Marat y Danton, miembros ambos de la Logia de las Nueve Hermanas, prendían la mecha. Parafraseando a De la Cierva, no quiere decir que la revuelta sea obra exclusiva de la masonería, pero sin su participación no se comprende la preparación y origen de la Revolución.

La Revolución francesa fue tratada por escritores de la época, como Jacques-François Lefranc, ejecutado en 1792 en plena revuelta, el abate Augustin Barruel, que en su exilio a Inglaterra se inició en la masonería llegando al grado de maestro, o por el masón escocés John Robison profesor de filosofía en la Universidad de Edimburgo. Todos ellos coinciden en culpar a los masones de haber desempeñado un papel esencial en el desastre revolucionario que por entonces sufría el continente. Las cifras de muertos, dependiendo de la fuente, son atroces. Más de un millón de franceses perdieron la vida a lo largo de la Revolución. A ellos cabe añadir otro millón más de la etapa napoleónica, en gran parte consecuencia de la revuelta. Eso sí, todo ello por y para una supuesta *libertad*. Durante años Francia se alía con el terror, y durante años se tiñe de rojo. Para Vidal, «*Ningún monarca europeo había cometido jamás semejantes excesos ni tampoco realizado tantas ejecuciones (...) eran inocentes que no simpatizaban con la Revolución (...) tampoco concluyó con el establecimiento de un sistema político concebido sobre términos de libertad (...) fue más bien una dictadura militar encarnada en un oscuro militar corso llamado Napoleón».*

En julio de 1830 se produjo en Francia otro proceso revolucionario, tiznado también de libertad. Un grupo de jóvenes masones, apoyados por toda la logia parisina, se apoderó de los suburbios de París y ocupó el ayuntamiento. Ello obligó al absolutista Carlos X a abandonar su trono en favor de Felipe de Orleans que también era masón. La masonería quitaba un rey para poner a otro, eso sí, este último elegido por 'voluntad popular'. Apoyado por el Gran Oriente, Luis Felipe I de Francia permanecería en el poder hasta febrero de 1848, momento en que se vuelve a producir una nueva revuelta. Otra vez sería la masonería, liderada en esta ocasión por Odilon Barrot y Adolphe Crémieux, la que, con la excusa de una política excesivamente conservadora, se levantaría y provocaría la caída de su rey. Tras la huida de Luis Felipe a Inglaterra se proclamó la II República. La subversión no fue excesivamente cruenta, pero sí demostró el poder de la masonería. Lo ocurrido en Francia se reproduciría ese mismo año en media Europa, un fenómeno revolucionario que para Vidal *«difícilmente puede explicarse como mera casualidad»*. Así, Alemania, Italia, Hungría y Austria se vieron contagiadas del efecto revolucionario, si bien su éxito inicial fue escaso, y la sublevación seria mayoritariamente reprimida o reconducida. El peso político de los masones en esos lugares era mucho menor que en Francia.

No sería el de 1848 el último acto revolucionario del siglo XIX en Francia. En poco menos de un cuarto de siglo se produciría un nuevo movimiento que, aunque corto en su duración, volvería a pintar con sangre las calles de París. Tras la derrota de Napoleón III por el ejército prusiano, en 1870 se proclama en Francia la Tercera República. Al frente se hallan los masones Jules Favre, Jules Ferry, Louis

Garnier-Pagés y Léon Gambetta. Los acontecimientos no tardarían en radicalizarse, y llegado marzo de 1871 se proclama en París, La Comuna. Se trataba de un proyecto político popular socialista autogestionario; primer experimento real de toma del poder por los socialistas, y que Karl Marx apoyaría calurosamente. Pero en el fondo lo que sobrevolaba era la intención de exterminar segmentos enteros de la población. Al frente del proyecto se hallaban personajes como Benoit Malon, Felix Pyat, Jean Baptiste Clément y Eugéne Pottier, todos ellos importantes masones.

Las revoluciones y conflictos del siglo XIX sirven por sí solos para echar por tierra uno de los principios inocuos que la masonería proclamó en sus Constituciones: no interferir ni rebelarse contra el poder establecido y actuar de manera apolítica. De la Cierva mantiene que: «*Todos los movimientos revolucionarios del siglo XIX cuentan con un componente masónico importante, y a veces decisivo*». Y los conflictivos sucesos del siglo XX ratificarían que esos hechos decimonónicos no fueron una sospecha sin fundamento aislada en el tiempo.

Algunos autores cuestionan la relación de la masonería con la I Guerra Mundial. Sin embargo, hay documentación y evidencias múltiples que demuestran que sí hubo, cuando menos, intereses y motivación por parte de la Sociedad secreta en aquel conflicto. La inestabilidad interna que padecía la Monarquía austrohúngara, como consecuencia de la rebelión de las minorías separatistas, era una oportunidad para los enemigos exteriores que querían acabar con aquella potencia. Había que derribar el Imperio austrohúngaro y tanto la ocasión como el momento parecían los adecuados. Cuando en 1867 se crea la Monarquía austrohúngara, el Imperio abarcaba más de 675.000 km^2 y se había convertido en una de las principales potencias a nivel mundial. Por otro lado, la confesión religiosa del Estado y de sus emperadores lo tornan en un auténtico baluarte del catolicismo. Una vez más la Iglesia es el enemigo a batir. Por tanto, para los enemigos la cosa estaba clara: se terminaba con el poder austrohúngaro, a la vez que se daba el golpe de gracia a la Iglesia. El tablero presentaba una jugada maestra; si salía mal el riesgo era casi nulo, pero si el final era el esperado se acabaría con la influencia católica en la vida cotidiana de la vieja Europa. De hecho, había ya un antecedente similar: la caída de la monarquía en Portugal, propiciada por masones en 1910, que supuso un duro golpe a la Iglesia, dado los efectos anticatólicos que trajo consigo. Un indicativo más de la lucha en la que estaba inmersa la masonería.

El 28 de junio de 1914 se produjo en Sarajevo el asesinato del heredero del Imperio austrohúngaro archiduque Francisco Fernando y su esposa. Tal hecho, que provocaría la chispa del conflicto mundial —un mes más tarde se declaraba la guerra—, fue asistido por una sociedad secreta con vinculaciones masónicas conocida como Mano Negra. Como en otras ocasiones la Organización secreta moverá desde bambalinas los hilos del títere: promoverá y patrocinará el acontecimiento, desde la distancia, sin necesidad de ensuciarse las manos. Antes, el 15 de septiembre de 1912, la 'Revue International des Societés Sécrèts' había anunciado la condena a muerte del archiduque Francisco Fernando: *«El heredero es un personaje de mucho talento, lástima que esté condenado; morirá en el camino al trono»*. En el fondo, lo que esta publicación revelaba eran las conclusiones de la Convención masónica de 1911. De hecho, el mismo archiduque era conocedor del odio que le profesaban los masones, y así se lo comunicó al conde von Czernin en 1913. También, el que fuera consejero personal del presidente Woodrow Wilson, el masón Edward M. House, había vaticinado meses antes el asesinato del archiduque.

La Gran Guerra fue anunciada en documentos masónicos, tales como la revista antes mencionada. Los objetivos estaban claros para la masonería: la destrucción del Imperio austrohúngaro como fortaleza católica, poner fin a la dinastía Hohenzollers —Guillermo II abdicaría tras finalizar la guerra—, la creación de nuevos Estados en Europa

Central que debilitaran el eje de la antigua Europa central como potencia internacional, y facilitar la caída del zar Nicolás II mediante una revolución. De paso, esto último se llevaría por delante lo que fue un santuario cristiano. A todo lo anterior no es ajena la frase que el masón Coudenhove-Kalergi pronunció el 15 de abril de 1960 en la academia de Ciencias Morales y Políticas de París: «*La caída del imperio de los Papas ha permitido el nacimiento de la idea de una federación europea laica*». Pero sobre los avatares de este personaje escribiré más adelante. De momento, cabe seguir con lo que demanda el título de este capítulo de manera cronológica.

En plena guerra, otro conflicto se iba tejiendo en la todavía Santa Rusia. Hasta 1906 no se abrieron las dos primeras logias en Rusia, ambas bajo supervisión del Gran Oriente francés. A partir de 1910, siguiendo directrices francesas, los masones rusos van ocupando cargos en la administración estatal. Tanto es así que, tras estallar la I Guerra mundial, son múltiples los masones que ocupan altos cargos en la Duma, la enseñanza, el comercio y la industria. Tantos, que según cuenta Vidal, el aristócrata y padre del anarquismo ruso Kropotkin, «*insistió precisamente en la necesidad de contar con el apoyo de la masonería para llevar adelante el proceso revolucionario*». Algo que se revela en el mensaje que escribió Kuskova al masón Volsky en noviembre de 1955: «*Teníamos a nuestra gente en todas partes (...) cuando estalló la Revolución de febrero Rusia estaba cubierta por una espesa red de logias masónicas*». La maquinación de los masones llevaba preparándose un par de años antes de estallar la revolución. El alcalde de Tiflis, diputado y masón de grado 33, recibiría la orden de influir en el comandante del ejército ruso, el también masón gran duque Nicolás Nikoláyevich Románov, para que derrocara al zar. Era cuestión de tiempo, a pesar de las sucesivas derrotas en la Gran Guerra. Así, en febrero de 1917, llegaría la Revolución que se llevaría por delante al zar Nicolás II. El primer gobierno, tras la caída del zar, lo formaron en su inmensa mayoría masones. Pero, transcurrido el tiempo, aquel gobierno de inoperantes se vería defenestrado por un astuto bolchevique llamado Lenin. Aquel nuevo régimen se llevó por delante a todo adversario. No dejó disidente alguno, si bien la masonería no sería excesivamente perseguida. Según Vidal, «*nunca se produjo una persecución sistemática de los 'hijos de la viuda' en la URSS*»; de hecho, la masonería volvería a Rusia en 1922. Según otros autores, fue resultado de una acción camaleónica de adaptación de la secta que surtió efecto.

Otro país en el que participó de manera activa la masonería fue México. Raros han sido los presidentes mexicanos que no han pertenecido a la Organización. Pero no es motivo de este apartado la historia de ellos, sino los hechos que se produjeron a lo largo del trienio 1926/1929, durante gran parte del mandato del presidente Plutarco Elías Calles, conocidos como Guerra cristera. Lo cierto es que la cosa venía de lejos. La constitución de 1917, inspirada por políticos masones, y que había consagrado la separación de Iglesia y Estado, relegaba en el fondo a la primera a la muerte civil. Así las cosas, en diciembre de 1926 comenzaron a producirse una serie de levantamientos de los católicos, en su mayoría de clase humilde, contra el poder establecido por considerarse brutalmente perseguidos en su fe cristiana. Sin entrar en detalles, la guerra de los cristeros provocó un auténtico rio de sangre. Los cristeros llegaron a formar un verdadero ejército que se enfrentó al gobierno. Un alzamiento en toda regla que en enero de 1927 se transformaría en guerra, y que se alargaría hasta mediados de 1929. Tras meses de negociación el nuevo presidente Portes Gil y el delegado apostólico Ruiz y Flores sellaban el armisticio. El conflicto cristero tuvo repercusión más allá de las fronteras mexicanas. Se había puesto de manifiesto que la masonería, lejos de lo que promueve sus constituciones, participaba y hostigaba la religión imperante en un país. No había excusa para no estar alerta.

Condenas papales a la masonería

Tal como he escrito antes, la masonería no tardó en expandirse por la Europa continental. A los pocos años de su nacimiento se creaban logias en España, Francia, Italia, Alemania, Holanda, etc., en un primer momento manejadas por ingleses. Sobre esta primera masonería cuenta Menéndez Pelayo, en su extensa obra 'Historia de los heterodoxos españoles', que *«al principio era un deísmo vago, indiferentista y teofilantrópico, con mucho de comedia y algo de sociedad de socorros mutuos»* y que fue introducida en Francia por *«algunos jacobitas o partidarios de la causa de los destronados Enturados* –referido a los Estuardo»*, a la par que menciona el carácter muy aristocrático que elevó a la sociedad secreta a cosa de moda en el vecino país. Añade al respecto: *«en cuanto a la dorada juventud francesa, echábamos todo a pasatiempo y risa o se deleitaba en pasar por los 33 grados de iniciación. Gárrulas reclamaciones sobre la igualdad natural de los hombres, sobre la mutua beneficencia y sobre el exterminio de los odios de raza de religión y muchas bocanadas de pomposa retórica contra el monstruo del fanatismo llenaban las sesiones, y poco a poco allí encontró su respiradero el enciclopedismo. Dicen que Voltaire perteneció a una logia, y parece creíble, aunque allá para sus adentros, ¡cuánto se reiría del pésimo gusto y de la sandia retórica de los hermanos, aunque le pareciesen bien como instrumentos!»*.

Pero pasados esos primeros años de ingenua apostura por novedosa, la mayoría de reinos de la Europa continental se percatan del secretismo de la masonería y ven en ello una amenaza para la seguridad, una perturbación del orden y un peligro para el poder establecido. Tal es así que a partir de la tercera década del siglo XVIII la masonería sería reprimida en la mayoría de Estados europeos. A excepción de Inglaterra y Escocia, en el resto de países se prohibiría y en muchos de ellos se perseguiría. Algunos de estos, y no precisamente católicos, lo hicieron con anterioridad a la primera condena de la Iglesia. Así es el caso de

Holanda que en 1735 publicó la primera resolución en la que se declaraba ilícita a la Asociación secreta. A esta se sumarían las prohibiciones de gobiernos de países tales que Francia, España, Ginebra, Hamburgo, Berna, Hannover, Suecia, Prusia, Viena, Baviera y Nápoles, entre otros. En España fue Fernando VI, quien en 1751 dictaría la pragmática orden: «*...en su consecuencia prohíbo en todos mis Reinos las Congregaciones de los Franc-Masones, bajo la pena de mi Real Indignación, y de las demás que tuviese por conveniente imponer a los que incurrieren en esta culpa*».

La primera condena papal llegó de la mano de Clemente XII, quien el 24 de abril de 1738 proclamó la Constitución 'In Eminenti'. En ella hace hincapié en el carácter secreto de este tipo de sociedades, de las que dice «*que han despertado fuertes sospechas en el espíritu de los fieles*» y se pregunta, «*si esos hombres no hiciesen el mal ¿tendrían tan grande horror a la luz?*». De nuevo, en 1751 el papa Benedicto XIV, en la Constitución 'Providas', volvería a condenar este tipo de sociedades, dado su secretismo, por el juramento de guardar ese secreto que hacen sus miembros, por «*resultar evidentemente cualquier clase de males para la pureza de la religión católica*» y porque «*esas sociedades no son menos contrarias a las leyes civiles que a las normas canónicas*».

Tal vez ambos papas no tuvieran en principio fuertes motivos para condenar los actos de la Organización. Quizá por ello insisten más en el carácter secreto de la misma. La realidad constataba que la masonería se iba introduciendo poco a poco en la Europa continental, y era obligación suya alertar a sus fieles del peligro. Más tarde el tiempo les daría la razón. Desde un principio la Iglesia era uno de los objetivos a batir, sin duda el más jugoso, y por ello sería perseguida con ánimo aniquilador. Aquel tiempo, en el que imperaba el racionalismo promovido por Descartes, serviría a la masonería para sembrar la semilla anticristiana disfrazada de anticlericalismo. Maurice Fara cita la frase de Voltaire, referida a la Iglesia, *Écrasons l'infâme* –Aplastemos al infame– como una de las consignas masónicas. Algo que, aunque el filósofo no llegaría a verlo, la Revolución se encargaría de ejecutar.

Pasada la gran persecución revolucionaria y, tras más de medio siglo, el papa Pio VII, en 1821, en su Letras Apostólicas 'Ecclesiam a Jesu Christo', la volvería a condenar. En este caso a la masonería en general, y expresamente a los carbonarios, *«una nueva sociedad formada recientemente y que se propaga a lo largo de toda Italia y de otros países»*. En el fondo una derivación de la misma masonería, de la que señala el carácter hipócrita de su discurso al referirse a Jesucristo como Gran Maestre y jefe de la sociedad.

A Pio VII le seguirían, en 1825, León XII con su Constitución 'Quo graviora' en la que dejaba claro, refiriéndose a la masonería, que *«sus ataques a la divinidad de Jesucristo y a la existencia misma de un Dios (..) prueban sus esfuerzos por derrocar a los príncipes legítimos y hacer temblar los cimientos de la Iglesia»*. En 1829, Pio VIII con su encíclica 'Tráditi Humilitati' y, en 1832, Gregorio XVI con 'Mirari vos', donde señalaba a la masonería como *«la principal causa de todas las calamidades de la Iglesia y de los reinos»*.

Tras los anteriores, Pio IX, elegido papa en 1846, sería quien más condenas promulgaría en contra de la masonería. Lo hizo en más de veinte ocasiones y, tal vez por ello, *«fue calumniado de masón por la Masonería»*, tal como escribe José Mª Caro. Sus duras condenas y reprobaciones a la masonería se extienden incluso *«a los países en los cuales dichas Sectas están toleradas por la autoridad civil»* y también a *«las demás –sectas– del mismo tipo que, aunque difieran en apariencia se forman todos los días con la misma meta»* en claro conocimiento de la existencia de diferentes ramificaciones de la masonería.

Su sucesor León XIII, último papa del siglo XIX, promulgaría en 1884 la encíclica 'Humanum genus', sin duda el documento más interesante y completo que haya publicado la Iglesia contra la masonería. En ella se dice que los masones *«maquinan abiertamente la ruina de la santa Iglesia»* y que tras *«siglo y medio (...) infiltrándose de una manera audaz y dolosa en todos los órdenes del Estado, ha comenzado a tener poder, que casi parece haberse convertido en dueña de los Estados»*. También el Santo Padre se refiere a la familia, al incipiente divorcio y a la enseñanza. Sobre ello dice: *«Si el matrimonio se convierte en una mera unión civil, la consecuencia que se sigue en la familia es la discordia y la confusión, perdiendo su dignidad la mujer y quedando incierta la conservación y suerte posterior de la prole. Por esto, en materia de educación y enseñanza no permiten la menor intervención de la Iglesia, y en varios lugares han conseguido que toda la educación de los jóvenes esté en manos de los laicos»*. Visto con perspectiva resulta toda una acertada predicción.

Llegado el siglo XX los papas moderan su discurso contra la masonería. Tanto el primer papa del nuevo siglo, Pio X, como sus sucesores no condenarán explícitamente la masonería en sus escritos, aunque de manera implícita se referirán a ella, incidiendo en los efectos negativos de la Organización secreta para con la Iglesia.

Así, en 1906, en la encíclica 'Vehementer nos' dirigida *a los arzobispos, obispos, clero y a todo el pueblo galo*, Pio X desgrana cómo poco a poco, de facto, se ha ido promoviendo la separación de la Iglesia del Estado, antes de que de iure se formalizara mediante la 'Ley francesa de separación'. Y deja claro cuál es el objetivo *«que se fijan las sectas impías que inclinan la cabeza bajo su yugo, porque ellos mismos lo proclamaron con cínica audacia: borrar el catolicismo en Francia»*.

Con posterioridad, cabe destacar la creación del primer Código de Derecho Canónico que se promulgó en 1917, bajo el papado de Benedicto XV. Dicho Código recoge una serie de cánones que de forma expresa se refieren a los masones y a las penas aplicables por la Iglesia. Más tarde, tras el Concilio Vaticano II, se abogaría por un diálogo con la masonería, que de hecho abriría la entrada a buen número de masones en el clero.

Ya en 1981, la Congregación para la propagación de la Fe sale al paso sobre interpretaciones falsas y tendenciosas del canon 2335 del

LOS MASONES SIGUEN ENTRE NOSOTROS

Código de derecho canónico, que prohíbe a los católicos, bajo pena de excomunión, unirse a sectas masónicas o asociaciones similares. En su declaración manifiesta de manera concisa que *«la disciplina canónica no se ha modificado en nada y no quedan derogadas ni la excomunión ni las demás penas previstas»*.

Llegado el año 1989, durante el papado de Juan Pablo II, se promulgaría un nuevo Código de derecho canónico, auspiciado por el entonces cardenal Ratzinger. En su canon 1374 se dice: *«Quien se una a una asociación que conspira contra la Iglesia será castigado con una pena justa; pero quien desempeñe un papel activo o quien la dirija será castigado con una prohibición»*. El hecho de que no se citara expresamente a la masonería llevó a muchos católicos a entender que su adhesión a la misma no conllevaba la excomunión como en el pasado. Por ello, la Santa Sede tuvo que salir a la palestra y aclarar el entuerto. Sería el propio cardenal Ratzinger el encargado de ello. El 26 de noviembre de ese mismo año, se emite una nota a través de la Congregación para la doctrina de la Fe, en la que se dice que el hecho de no figurar expresamente mencionada la masonería se debe a un criterio de amplitud de categorías. Dicho de otra forma, la Iglesia no se ciñe a una relación de categorías, sino que las engloba. En cualquier caso, Ratzinger lo deja claro cuando manifiesta: *«El juicio negativo de la Iglesia sobre las asociaciones masónicas, por lo tanto, permanece sin cambios, porque sus principios siempre se han considerado irreconciliables con la doctrina de la Iglesia, y el registro en estas asociaciones sigue prohibido por la Iglesia. Los fieles pertenecientes a asociaciones masónicas se encuentran en estado de pecado grave y no pueden acceder a la Sagrada Comunión»*.

Las reseñas eclesiásticas expuestas anteriormente son una pequeña muestra, si bien las más importantes. Sepa el lector que las condenas de la Santa Sede a la masonería han sido constantes y reiteradas a lo largo de estos últimos tres siglos. Según el sacerdote español Manuel Guerra, experto en sectas y gran estudioso del tema masónico, han sido más de 300 los documentos pontificios de relevancia que hacen referencia crítica a la sociedad secreta.

La masonería en la España del siglo XX

En España el siglo XX comenzó con rumores de magnicidio. Una frase grabada en un árbol del Retiro madrileño rezaba así: *«Alfonso XIII morirá el día de su boda»*. Era el año 1906, y el monarca iba a contraer matrimonio con Victoria Eugenia. Tras la ceremonia nupcial, la pareja se dispuso a recorrer las calles de Madrid agolpadas de gente. Cercana la comitiva a la calle Mayor se oyó un estruendo. Desde un balcón se había lanzado una bomba envuelta en un ramo de flores. La policía registró los alrededores, y pasados unos días se detuvo al responsable: un anarquista llamado Mateo Morral, ligado al masón Francisco Ferrer que a la postre fue el instigador del atentado. Los reyes salieron ilesos, pero aquel hecho acabó con la vida de 23 personas, amén de un centenar de heridos. Morral moriría camino del cuartelillo de Torrejón. En el juicio celebrado en 1907 se condenó a otros cómplices, pero el inspirador Ferrer saldría absuelto, a raíz de la presión que la masonería internacional ejerció en defensa del hermano.

No sería el único acto en el que influiría el masón Ferrer. También alentaría, de forma indirecta, los incidentes de la Semana Trágica de 1909. Esta vez, a pesar del clamoroso apoyo que le brindó la masonería internacional, sería juzgado y condenado a muerte. Según Boor, en octubre de 1909 el Consejo comunal de Bruselas aprobaba una resolución del doctor y masón Depage, *«para condenar la muerte de Ferrer como un atentado grave a las leyes de la civilización moderna, protestando con indignación por la ejecución del masón anarquista y patrocinando la erección por suscripción pública de un monumento digno de la capital frente a la intolerancia española»*.

La influencia de la Revolución rusa abre hueco en la masonería al socialismo del momento, provocando la entrada en aquella de una nueva generación de jóvenes tentados por la política. Para Gómez Molleda, *«La sobrecarga ideológica recibida en las logias condicionará al sistema de valores de un grupo de parlamentarios que instrumentalizaron la defensa de los postulados de la orden masónica al servicio de fines partidistas»*. Poco a poco, se caminaba hacia la secularización del Estado y de la sociedad. Así lo muestra De la Cierva cuando escribe sobre el momento en que Alfonso XIII en 1919, al frente del gobierno Maura, consagró España al Corazón de Jesús, *«La conjunción, no muy ortodoxa, de liberalismo y socialismo (...) actuaba ya con fuerza en aquel contexto y estalló como un torrente anticlerical»*.

Durante la dictadura de Primo de Rivera, la masonería perdió algo de fuerza, por lo menos aparentemente. No fue prioridad de Primo acabar con la masonería, quizás porque no le preocupaba en demasía, y serían los gobernadores militares los que actuarían según criterio propio. Sin embargo, la masonería, que en un principio se mostró ambigua, con el tiempo se opuso al dictador. A lo largo de estos años, el trabajo en silencio de la secta, auspiciado por la indiferencia del militar, facilitó el camino a la masonería. Y lo cierto es que al final del directorio civil el número de masones y logias había crecido considerablemente. La intelectualidad y los militares se arrimaron a la secta, ya de por si plena de políticos. Desde ella se trabajaría en apoyo de la caída de la monarquía y a favor de la república.

Los masones celebraron animosamente el advenimiento de la II República. Según Gómez Molleda, también el Gran Oriente de Francia lo aplaudió. Por su parte la revista 'Vida Masónica', en su número de abril de 1931, saludó y felicitó *«muy efusivamente al Gobierno provisional de la República española»*, e hizo fervientes votos para que el Gran Arquitecto del Universo lo iluminase *«en bien de la Libertad y de la Patria. (...) esta gran obra política que ha elevado a los republicanos españoles de la triste condición de esclavos a la de hombres libres»*. La masonería española recibió, tras proclamarse la República, cantidad de cartas y telegramas procedentes de diferentes Grandes Logias y Orientes Nacionales extranjeros felicitando el hecho. Ferrari Billoch escribe: *«Además de la efusión oficial (...) hay que agregar las enviadas por entidades masónicas, tales como Asociación Masónica Internacional,*

Gran Logia de Suiza, Gran Oriente Neerlandés, la Logia Les Amis Philantropes, de Versalles; L'Union de Belleville, de París; L'Union des Coeurs, de Lyon; La Logia Estrella Polar, de Bahía Blanca, etc. etc.». Según Ferrer Benimeli, al proclamarse la República, la Gran Logia Española envió telegramas a 44 obediencias de Europa y América, en los que se pedía que dichas masonerías hicieran servir su influencia para que los gobiernos reconocieran el nuevo régimen.

Ciertamente, el entusiasmo masónico hacia la república ocasionó un incremento inmediato de logias y afiliaciones, ya que tal como señala Ferrer, *«ser masón era etiqueta importante para hacer carrera política y administrativa en el nuevo régimen»*. De hecho, de los doce miembros del primer gobierno provisional la mitad eran masones. A ello habría que añadir 5 subsecretarios, 5 embajadores, 15 directores generales, 12 altos cargos diversos y 21 generales del ejército, que también lo eran. Y según detalla Gómez Molleda, las Cortes Constituyentes del primer bienio republicano contaban con al menos 151 diputados masones, la mayoría perteneciente al sector republicano socialista. Si a ello se suma la victoria de un frente de izquierdas, no es de extrañar que la futura Constitución reflejara su carácter anticlerical y afín a la secularización de la enseñanza. Tal como señala De la Cierva, *«La masonería española, identificada con el liberalismo radical –o mejor, jacobino–, arremetía por tanto contradictoriamente contra la libertad religiosa, la libertad de asociación y la libertad de enseñanza»*. A pesar de ello, los masones se sienten decepcionados. Entienden que la nueva Constitución es blanda. Tanto es así que, como asevera Gómez Molleda, los masones más radicales exigen controlar la actividad parlamentaria y política de los hermanos, algo que promueven en la asamblea masónica de 1932.

La victoria del centro-derecha en las elecciones de noviembre de 1933, provoca una disminución de masones en el Parlamento. Se intenta una contrarreforma política que detenga temporalmente el avance anticatólico y alivie las ansias de laicidad educativa. Sin embargo, la masonería seguirá trabajando en busca de un frente popular, que no tardará en hacerse con el poder. La revolución asturiana de 1934 y el fallido golpe de Estado de Companys serán el punto de partida hacia una inevitable contienda que pocos quisieron evitar. En ambos casos, los masones no permanecieron al margen. En el primero, apoyando a anarquistas y socialistas radicales, y en el segundo, por iniciativa propia. Sobre la proclama catalana del 6 de octubre, Ferrari Billoch, para quien *«La Generalidad de Cataluña era un nido de separatistas y masones»*, ofrece una serie de nombres que incluyen a Giralt con el grado 33 y a Companys con el grado 18, Ventura Gassol, Samblacat, Pérez Farrás, Aldei, Ayguadé y otros con menor grado, como Ulled y Santamaría. Los actos revolucionarios de aquel octubre, principalmente los de Asturias, se cobraron un alto precio, un total de 1.375 muertos y más de 2.900 heridos.

Al poco del inicio de la guerra civil, el general Franco dictó su primer decreto contra la masonería en Santa Cruz de Tenerife. Influenciado más bien por el devenir de muchos compañeros de armas y no, como luego veremos, por la fábula de haber sido rechazado por la masonería, lo cierto es que la Organización estaba en el blanco de sus propósitos. Desde un principio Franco consideró a los masones un peligro para la integridad del ejército. En la misma dirección, Vidal se pregunta, *¿qué entidad jerárquica no se sentiría inquieta al saber de la existencia de una sociedad secreta en su seno?* Ya acabado el conflicto civil, se promulga la 'Ley de Represión de la Masonería y el Comunismo'. Una ley que en la práctica iba dirigida más bien a los comunistas que a los masones. Tal como señala De la Cierva, en lo que duró la guerra *«las obediencias masónicas españolas decidieron prudentemente 'abatir columnas'; es decir, clausurar las logias y cesar en toda actividad ritual, en espera de tiempos mejores»*.

Es verdad que a lo largo del mandato de Franco la masonería fue prohibida, pero llegados los años '60, esa prohibición se limitó a la práctica y no tanto a las personas. Algo que el jesuita y masón Ferrer

Benimeli no tiene empacho en reconocer. El Diario Montañés publicó, el 12 de marzo de 2008, una entrevista a Ferrer en la que a la pregunta ¿Hay más libertad ahora para hablar de masonería?, el historiador respondió: «*Nunca tuve problemas para hacerlo, ni siquiera en la época de Franco, aunque mi primer libro, en 1965, fue retenido tres años por la censura*».

Tras la muerte del General, la masonería reapareció nuevamente y no tardaría en legalizarse. De hecho, el Gran Oriente que venía a España lo hacía desde México, además reconocido por los Sumos Grandes Comendadores como legal y legítimo. Curiosa resulta la anécdota que cuenta De la Cierva. Escribe él que, en 1979, el Ministerio del Interior había denegado la inscripción del Gran Oriente Español como asociación, dado su carácter secreto. A raíz de ello, la entidad recurrió ante la Audiencia Nacional, quien revocó tal prohibición dando luz verde a su legalización. La resolución la firmaron dos socialistas, el ponente Fernando Ledesma y el magistrado Jerónimo Arozamena. El primero, futuro ministro de justicia, y el segundo, miembro del Tribunal Constitucional. El apoyo que la masonería europea, junto a la Internacional Socialista, otorgó al nuevo PSOE es algo que por evidencia se tiene por cierto. El ex canciller y masón alemán, luego presidente de la Internacional Socialista, Willy Brandt, apoyaría las tesis de un renovado PSOE en detrimento del histórico, y Felipe González se haría cargo de la Secretaría general.

En 1981, la revista Tiempo citaba los nombres de varios diputados y senadores socialistas; entre ellos, Germinal Bernal, Cristóbal Montes, Pérez Espejo, Sopena Daganzo, Ramos Molins, Francisco Vázquez, Virtudes Castro, Alberto de Armas, Fernando Baeza, Díaz-Marta, Rafael Fernández, Paulino Pérez, Andreu Abelló, José Prat y Arbeloa Muru. Nuevamente, la masonería dentro del puchero de la política, y como dice Vidal, «*La historia del peso de la masonería en el PSOE, antes y después de la Transición, está aún por escribir*». Algunos estudiosos mantienen que, a excepción de Suárez y Calvo Sotelo, todos los demás presidentes de esta democracia se han iniciado en la masonería. Personalmente no he obtenido pruebas contundentes que así lo atestigüen, aunque pienso que no es un imposible. Son muchos los masones que no lo manifiestan, y es entendible que un político, máxime si ostenta la presidencia del gobierno, guarde para sí su pertenencia a una sociedad secreta. Por muy adoctrinado que ande el pueblo, en este caso el español, eso es algo que aún no sería visto con buenos ojos.

Franco pudo, pero no quiso ser masón

La tesis de que la masonería rechazó el ingreso de Franco no tiene remo con el que navegar. Todo lo que se ha publicado, y sigue publicándose, se basa en lo expuesto por el historiador, jesuita y también masón, José Antonio Ferrer Benimeli, quien aporta ciertos datos, aunque para nada explícitos. Es cierto que Ferrer es un afamado escritor e historiador especializado en masonería, con toda seguridad el mayor experto en España. Pero también es cierto que en sus juicios de valor es juez y parte, y eso, para los que intuimos cómo funciona la Organización secreta, es un hándicap que pone en cuarentena sus opiniones.

Ferrer se refiere a la primera vez que Franco solicitó ser masón, allá a mediados de los años '20 del pasado siglo, y cita la logia número 23 de Larache, por nombre *Lixus*, como el lugar donde solicitó el ingreso. Haré un inciso y aportaré como curiosidad la cantidad de información falsa, que a modo de copia y pega recorre Internet, en la que se cambia el nombre de la logia bautizándola como 'Lukus', lo que ya de por sí destruye cualquier rasgo de verosimilitud al contenido que la menciona. Lo cierto es que el nombre *Lixus* se adopta en clara alusión al pasado histórico de la ciudad marroquí.

Volviendo al tema que nos ocupa. En esta logia participaban bastantes militares que, al parecer, fueron los que se opusieron a admitir a Franco como masón. Se alegaba la aceptación del ascenso a teniente coronel como causa principal. Pero esa excusa resulta baladí para cualquiera que sepa algo acerca de los hijos de la viuda. Además, cuesta entender que se tome en cuenta, ya que, conociendo el hermetismo de la Organización, no tiene ningún sentido que sean tan explícitos al airear la negativa hecha a un aspirante. ¿Fue el único al que cerraron la puerta? Si hubo más, ¿por qué no se conocen? Por otro lado, la objeción que le ponen es cuando menos extraña, ya que hubo masones con graduación militar superior. Tales son los casos de Castaños, Porlier, Riego, Espartero, Narváez, Prim, Pavía, etc. También se añade que la negativa abundaba en haberse comprometido a no aceptar ascensos por mérito de guerra. ¡Cómo si los militares masones de la época fueran todos unos chusqueros pacifistas! A su vez, Ferrer deja entrever que hubo otros motivos, que no cita, ninguno de índole estrictamente político. Todo ello no resulta verosímil, y más si nos situamos en aquella época, donde lo que buscaban los masones era mandos, no soldados.

Otra cuestión importante a tener en cuenta es la de que no se es masón por pedirlo. Es la masonería quien elige, quien te invita a ser iniciado. Por otra parte, Franco conocía bien a la Sociedad. Su hermano, y al parecer su padre, fueron masones, e igualmente sabía de algunos compañeros que se habían iniciado. Con esos argumentos, cabría darle la vuelta al paño y pensar, con la osadía que lo hace Ferrer, que fue Franco quien rechazó el ofrecimiento, y la indignación de los masones llegó a tanto que no se lo perdonaron nunca. Es simple suposición, pero sirve de igual teoría. A su vez, si la masonería tenía entre sus objetivos infiltrase y adueñarse de los estamentos militares, ¿era lógico que rechazasen el ingreso de un joven y prometedor militar? No. No parece muy consistente la tesis que defiende Ferrer. Sólo con echar un vistazo al siglo XIX puede uno darse cuenta de ello.

La segunda vez que se alude al rechazo de la masonería a Franco es la referente al año 32, en plena República y alcanzado ya el generalato. Así las cosas, no tiene sentido que volviera a solicitar su ingreso. Si en la primera se le negaba el acceso por haber aceptado el ascenso a teniente coronel, ¿por qué se le iba a admitir ahora que además había ascendido a general? Todo así, se cita en este caso como opositores a su ingreso a los militares, Núñez de Prado, Cabanellas, Pozas Perea, Julio Mangada, Pérez Farras y su hermano Ramón Franco, entre otros. Llegados aquí, el historiador y jesuita añade, de forma velada o no, que esto trastornó el ánimo de Franco, frustró sus expectativas y creó en él una animadversión hacia todo lo masónico. Con la perspectiva que ofrece el tiempo no parece muy convincente tal afirmación, en particular si nos remitimos al ánimo y a las expectativas.

LOS MASONES SIGUEN ENTRE NOSOTROS

Según parece, la prueba más sólida en la que se basan los defensores de las apetencias de Franco por lucir mandil es la declaración jurada de un teniente coronel llamado Joaquín Morlanes, iniciado en agosto de 1925, en la que afirmaba que el futuro general solicitó el ingreso en la logia 'Lukus' de Larache. ¡Declaración jurada de un masón!, y logia 'Lukus'. Con todo, sigamos desmontando las mentiras con razones de peso. Según la fuente, los oficiales que se opusieron a su ingreso fueron los generales Agustín Gómez Morato y José Riquelme, el coronel Romerales, los capitanes Vicente Guarner y Bartolomé Montaner y los tenientes Galán Rodríguez y De Lora. De este último puede decirse que estuvo a las órdenes de Franco, desde 1921 –Desastre de Annual– a 1923. Luego pasó a ocupar puesto en la plaza de Tetuán hasta febrero de 1931. Teniendo en cuenta esto, resulta difícil de entender que un militar de estas características se opusiese al ascenso por méritos de guerra, máxime cuando él mismo lo obtuvo en 1926. Por otro lado, este tipo de ascensos era compartido por la inmensa mayoría de militares africanistas, fueran masones o no. Otro punto débil del relato de Morlanes es que hasta 1930 la logia *Lixus* se encontraba en una situación de practica inactividad, y por ende de presencia militar, debido a las presiones gubernamentales y, por qué no decirlo, por disidencias internas.

Por otro lado, todo el estado de confusión que aportan los partidarios de la monserga de Morlanes cae por su propio peso si fijamos nuestra atención en el personaje. Según su expediente masónico, Morlanes nace el 4 de agosto de 1907 en Barcelona. Se inicia en la logia barcelonesa Minerva Núm. 25, el 27 de julio de 1936, y se le atribuye la profesión de contable. Siendo así, surgen algunas incongruencias. Uno, su doble iniciación 1925 y 1936, algo ilógico y sin sentido. Dos, su escasa edad en 1925 para ser testigo de la supuesta petición de iniciación del General. Tres, su falta de relación con el mundo militar hasta comenzada la guerra. Y si a todo lo anterior se suma la irrelevancia, a todos los efectos, del personaje en la década de los años '20, resulta muy difícil entender que se dé valor a su testimonio.

Pero, además, hay algo en esta teoría en lo que no se abunda. Se trata de los orígenes y personalidad del General, algo de suma importancia conociendo al personaje. Franco era, por raíces y probablemente por convencimiento, antiliberal, conservador y militar africanista tipo de la época. Y todos estos aspectos chocan de bruces con los principios masónicos. A ello cabría añadir una cuestión que no es nimia. Una vez alzado como jefe de Estado, año 1939, ¿cuánto hubiera deseado la masonería internacional tenerle como aliado? Dejaré ahí la pregunta, y que sea el lector quien la conteste.

PARTE II

Masonería y educación

El saber siempre ha ido asociado con el Poder, y la masonería no ha sido ajena a este principio. Visto con perspectiva histórica, el conocimiento ha estado en manos de muy pocos, y lejos del alcance de la inmensa mayoría. Los apartados conventos medievales eran el lugar donde se leía, se estudiaba y se meditaba entre viejos legajos, y las pocas universidades que existían dependían de la iniciativa religiosa. Posteriormente, a mediados del siglo XV, la aparición de la imprenta provoca un punto de inflexión. Se abre un pequeño hueco por el que se filtra el saber. La divulgación del conocimiento amplía vías, y empieza a dejar de ser exclusivo de una élite. Y el Poder, que siempre ha sido guardián y administrador de la sapiencia, empieza a ser consciente del peligro que ello supone. Así las cosas, no es de extrañar que, a partir del siglo XVII, sea el mismo Poder quien se encargue de patrocinar lo que se enseña y a quien. De tal forma, apoya las incipientes escuelas, católicas y protestantes, que se encargan de administrar sabiduría. Más tarde, la ilustración traería consigo cambios en el fondo y en la forma. Nacería un nuevo concepto pedagógico, que empezaría a desarrollarse en la enseñanza a lo largo del próximo siglo.

Desde el principio, los masones han tenido claro que la educación debía ser uno de los ejes principales de su discurso en favor de la liberación del hombre. Para ellos, por mucho que lo enmascaren, la instrucción del hombre debe estar exenta de cualquier vestigio religioso. Lo dicho por el iluminado Weishaupt viene como anillo al dedo: «*Para difundir la 'verdad' de nuestra Orden debemos apoderarnos de la educación y combatir audazmente, pero a la vez prudentemente, la 'superstición'. Para este objeto debemos atraer a los maestros de la juventud, a las autoridades civiles y a los militares. En la educación conviene introducir diestramente el germen de nuestros dogmas*». La táctica estaba perfectamente diseñada desde el comienzo. Si se conseguía monopolizar la enseñanza, se podría abolir, o cuando menos, neutralizar el influjo de cualquier otra enseñanza. Era cuestión de tiempo; de formar y modelar a las nuevas generaciones en los nuevos credos. Además, la masonería tuvo claro el sector al que debía dirigirse. Para la Organización, tal como escribe M. Soler, ese sector era –y sigue siendo– la infancia, *«A la juventud debemos dirigirnos; debemos seducirla, sin que lo aperciba (...) no os ocupéis de la vejez, ni de la edad madura; id a la juventud y si es posible a la infancia»*. Así, en 1864, el Gran Oriente de Bélgica llegó a afirmar que *«el niño debe ser sustraído a la dirección paterna»*, mientras que para el masón Jules Ferry, primer ministro francés en 1880, *«los hijos pertenecen a la República antes que a sus padres»*. Por su parte Georges Clemenceau, otro masón y primer ministro francés, manifestó: *«El frente de batalla no está en las trincheras, está en la escuela; y el objetivo que se ha de lograr no es otro que el alma de los niños»*.

Permítame el lector un breve receso, y que enlace lo anterior, antiguo y pasado, con el presente, con lo que ahora podemos observar. A mi mente vienen las declaraciones, por recientes, de la exministra de educación socialista Celaá, en las que venía a decir que los hijos no pertenecen a los padres, sino al Estado. No tengo datos, en realidad poco importan, acerca de si la señora Celaá coquetea con la masonería. Lo que sí tengo claro es que esa frase que sale de su boca viene dada por mandato masónico. Y, aprovechando el receso, si analizamos con perspectiva estos últimos 40 años nos percataremos de que, de una u otra manera, fuere cual fuese el color del gobierno, la educación ha sido el trampolín que ha permitido cambiar la ideología de todo un país, otrora cristiano y católico, y convertirlo en la antítesis de lo que fue. Atrás quedaron valores y principios que pocos recordamos. Sigo.

Para algunos autores, la Revolución francesa actuó como primer ariete contra la enseñanza tradicional y cristiana. El ateísmo de sus líderes, la mayoría masones, provocó una encarnizada lucha contra la Iglesia y, por ende, contra la enseñanza de esta. Dando por bueno lo anterior, lo cierto es que hasta avanzado el siglo XIX el asalto de la masonería a la enseñanza es relativamente pequeño. Será a partir de mediados de siglo cuando la masonería se empleará a fondo y disputará con todas sus armas el control de las escuelas de los más jóvenes. La verdad es que hasta entonces la enseñanza había estado prácticamente en manos de la Iglesia. Esta era la encargada de llevar el conocimiento escolar y también el universitario. Los pequeños esfuerzos de una enseñanza pública y gratuita se encontraban aún en pañales. La reforma del sistema educativo no se presentaba fácil, se intuía una tarea compleja y larga. No se trataba sólo de variar el método educativo, se debía modificar el sistema, tanto en la forma como en el fondo. En defensa de aquella propuesta cabe decir que la instauración de una enseñanza libre de toda injerencia, fuera religiosa o política, era algo loable. Una música que sonaba –y sigue sonando– muy bien al oído. El problema es que aquel sonido, cuando se convirtió en canción, quedó empañado por la letra. En el fondo se cambiaba una doctrina por otra; y lo que pudo ser una plausible laicidad se convirtió en un ataque feroz a las ideas cristianas. Llamativamente, se atacaba a la escuela confesional por considerarla partidista y se bendecía la escuela estatal por ser imparcial. Algo que visto con los ojos de hoy día no se sostiene. El tiempo ha demostrado que no se trataba de libertad, de poder elegir un determinado tipo de enseñanza, fuera laica o confesional, sino de la exclusión total de Dios de las aulas.

Situados en el siglo XX, la lucha anticlerical de la anterior centuria va produciendo efectos. En 1901, la masonería italiana ve por fin alcanzada una de sus apetencias: se abole la enseñanza religiosa y se da paso a una escuela laica obligatoria. Ese mismo año, en Francia se prohíbe la existencia de toda congregación religiosa dedicada a la enseñanza; y posteriormente, en 1905, se finiquita el régimen concordatario con la Santa Sede. Tras la Primera Guerra Mundial, aniquilado el Imperio austrohúngaro, la masonería se acomoda en el corazón de Europa. Las agrupaciones laicas, en su mayoría dirigidas por masones, reivindican la segregación religiosa y exigen frenar la influencia de la Iglesia en el ámbito de la enseñanza. En España, las tres primeras décadas del siglo sirvieron para que la masonería reclutara a profesionales liberales relacionados con la enseñanza. Entre otros, citaré a Martí Jara, Giral Pereira, Giménez de Aguilar Cano, Martín G. del Arco, Jiménez de Asúa, Carreras Reura y Rodolfo Llopis, todos ellos defensores de una escuela laica y libre de cualquier confesión religiosa. Aun así, conviene decir que la mayor parte de la enseñanza impartida a lo largo de esos años siguió recayendo sobre la espalda de la Iglesia.

Sería más tarde, durante la II República, cuando va permeando el sistema pedagógico laico, a la vez que se produce un auténtico ataque a la institución religiosa. No se trataba de instaurar una enseñanza laica, sino de que esta fuera única y obligatoria; sin alternativa. Valga un pequeño ejemplo. El Boletín Oficial del Gran Oriente publicaba el 10 de agosto de 1931 un trabajo titulado: «*¿Cómo evitará la masonería que sea sangrienta la lucha contra todas las ideas religiosas, y cuál podrá ser el camino más corto?*» Pero extirpar de la enseñanza la molesta sombra de la Iglesia no era cosa exclusiva de los talleres de las logias. Sin duda, fue la gran influencia que los masones poseían en la política española del momento la que resultaría determinante. Recordemos que buena parte de los diputados eran masones y que distintos ministerios, subsecretarías, direcciones generales, etc., estaban en sus manos. Esa presencia suponía elevar a la órbita política las ideas educativas propugnadas por la masonería. Tanto es así que el GOE –Gran Oriente Español– publicaba en su boletín de 10 de septiembre de 1932: «*La presencia en el Ministerio de Instrucción Pública de hombres iniciados en nuestra doctrina constituye una seria garantía para nuestros ideales y es de esperar continúen la labor comenzada hasta lograr la reforma honda y trascendental que la enseñanza en nuestro país requiere*».

Rescato aquí lo que Gómez Molleda refiere respecto a lo dicho en 1933 por el que fuera promotor de la Liga de Educación y Enseñanza, el masón Torres Oliveros: «*Hay que liberar al hombre de su único pecado original, la ignorancia, con su también único bautismo, el conocimiento*».

LOS MASONES SIGUEN ENTRE NOSOTROS

Para entender el grado de hostilidad y beligerancia hacia la enseñanza confesional viene al caso lo escrito en 1933 por Benlliure y Tuero, miembro de la Logia La Unión: «*Tanto ha hostilizado el catolicismo a la masonería que ésta ha llegado a figurarse que la única misión y hasta la razón de existencia masónica era guerrear contra aquél (...) En España, por lo general, se ha querido combatir el clericalismo con un anticlericalismo igualmente simplista, dogmático e intolerante; y por desgracia, la masonería se ha contaminado algo de ese anticlericalismo tan poco masónico*». Dicho lo anterior, lo que parece cierto es que la II República no consiguió instaurar una auténtica escuela laica. La exclusiva pretensión de cambiar los valores de una sociedad a través de la educación motivaría el olvido de otros asuntos sociales y económicos, provocando que lo importante colapsase frente a lo secundario. Por otro lado, se echaba en falta la existencia de un verdadero colectivo organizado. Como en otras cosas, las diferencias entre los distintos bloques acabarían siendo la tumba del objetivo final.

Actualmente, la enseñanza continúa en manos del Estado. Es este quien marca los programas educativos y asigna los recursos. ¿Quiere esto decir que la enseñanza sigue estando en manos de la masonería? No necesariamente; aunque bien cabría una respuesta como esta: lo está, o no, en la misma medida que la masonería está, o no, presente en los gobiernos. Por otro lado, hay que tener en cuenta la influencia que en los gobiernos tienen determinados grupos de presión de carácter ideológico, tales que LGTB+, el feminismo fundamentalista o el ecologismo radical, financiados todos por oscuras plataformas y personajes multimillonarios empeñados en cambiar el modelo de sociedad.

Si analizamos el caso español vemos que la enseñanza sigue siendo caballo de batalla para los partidos. Todas las leyes educativas promulgadas a lo largo de estos últimos años han sido, en menor o mayor medida, ideológicas. No ha primado la excelencia, sino las ideas. Está claro que lo que se busca es adoctrinar. Así, las escuelas públicas se han convertido en centros donde se imparte el nuevo evangelio del relativismo, amparado en el nihilismo moral. Prueba de lo anterior fue la conocida asignatura Educación para la Ciudadanía de Zapatero, diseñada en gran parte por la Fundación Ferrer Guardia de inspiración masónica. Asimismo, lo son las actuales materias relacionadas con la ideología de género que se dan desde la más temprana edad. La una y las otras de obligada impartición en la escuela pública y, en gran medida, en la concertada. Escapar de las garras de la enseñanza estatal no es fácil. Si bien sobre el papel existe libertad para que los padres elijan el modelo privado, en la práctica resulta sumamente complejo y prohibitivo. De hecho, sólo las familias pudientes tienen acceso a este tipo de centros, dado el coste que supone la enseñanza privada. Según el Informe 2017 del Consejo Escolar del Estado (P.1), relativo al curso 2015-2016, la enseñanza privada en España sólo acoge al 6,6 % de alumnos. Y al final, poco a poco, sin apenas resistencia, se cambia la ideología de toda la sociedad. Parafraseando al filólogo y teólogo Manuel Guerra, se trata de cambiar el colchón mientras la gente duerme.

La mujer, otro objetivo de la masonería

La mujer fue –y aún sigue siendo– otro de los objetivos de la masonería. Me refiero a la mujer como parte y mecanismo social; como varilla fundamental en la sujeción de esta péndula llamada sociedad. Los masones eran conocedores de la máxima que asevera que cualquier cambio social pasa por el visto bueno de la mujer. Sin ella, sin su avenencia, poco o nada se puede cambiar. Con todo, la mujer pasaría inadvertida para la masonería a lo largo de todo el siglo XVIII. Cierto que para los masones de entonces lo importante era expansionarse; lo de la mujer, por el momento, quedaba relegado, no había prisa.

Retrocedamos en el tiempo y situémonos en la mitad del siglo XIX. La Revolución industrial iba transformando, poco a poco, una sociedad que dejaba de ser eminentemente rural y se enganchaba al trabajo fabril, minero y siderúrgico. La máquina sustituía al hombre en la misma medida que la fuerza de la primera suplía a la del segundo. Por otro lado, el avance en los medios de comunicación, en especial el ferrocarril, facilitaba la traslación de la masa obrera. Todo esto potenció la incorporación de la mujer al mundo laboral, no sin que ello planteara diversas cuestiones relacionadas con la incompatibilidad entre feminidad y el trabajo asalariado en las fábricas. Tal es así que en 1860 el filósofo y político francés Jules Simon llegó a decir: «*una mujer que se convierte en trabajadora ya no es una mujer*». En puridad, la crítica no era tanto hacía la libertad de la mujer, sino hacia la anomalía que suponía compartir el trabajo asalariado junto con las obligaciones de madre y esposa. En consonancia, el marido era el encargado de mantener a la familia, y sólo se aceptaba el trabajo de la mujer soltera o viuda. Junto a lo anterior, la masonería abre la puerta a la mujer y acepta que esta pueda participar en la vida masónica. Empiezan a aflorar las llamadas logias de adopción, para posteriormente dar paso a obediencias mixtas.

En España, será a partir de los años '70 del siglo XIX cuando aparecerán las primeras logias de adopción. Dos ejemplos de ello son la logia Moralidad –1872– y la logia Lealtad –1879–, ambas sitas en Barcelona. Algunas de las mujeres que accedían a la iniciación pertenecían a la burguesía, otras eran escritoras o enseñantes y, en muchos casos, solían ser esposas o hijas de masones. Esto último choca con el mandato masón que prohibía revelar en familia la pertenencia a la Orden secreta, si bien se excusa bajo el pretexto de su finalidad, aduciendo la conversión del cónyuge o hija a los principios masónicos. Por otro lado, el número de mujeres masonas por aquella época, y hasta acabada nuestra Guerra civil, nunca llegó al 1% del total de masones. En un breve repaso a las masonas más importantes del XIX nos encontramos con Ana María Ronda Pérez y Matilde Muñoz, ambas promotoras de la enseñanza laica, las escritoras Concepción Arenal, Emilia Pardo Bazán y Ángeles López de Ayala, esta última gran activista y promotora de los derechos de la mujer, Rosario de Acuña, periodista y emparentada con la aristocracia y Teresa Claramunt, anarquista y sindicalista.

Los primeros movimientos feministas derivados de la Ilustración referían la inferioridad de la mujer frente al hombre en aspectos políticos y económicos, y reclamaban mayor libertad y derecho para las mujeres. Por entonces, la mujer quedaba mermada de su derecho al voto y a la propiedad. Era por tanto normal que las feministas del momento exigieran la igualdad de derechos para la mujer; de idéntica forma que los primeros abolicionistas reclamaban suprimir la esclavitud. Así fue por más de un siglo, si bien, en principio, la exigencia feminista se centraría en el aspecto político. Tal es así que habría que esperar hasta mediados del pasado siglo para ver como la reivindicación feminista se va transformando en un movimiento de liberación. Sin duda, el acoso a que fue sometida la masonería europea antes y durante la II Guerra Mundial mermó su expansión, y tardaría años en fortalecerse. A lo largo de este tiempo los masones de la Europa continental estuvieron agazapados y tardarían años en aflorar.

En 1952 se funda en Francia la Gran Logia Femenina, aunque el germen de la misma es anterior a la II Guerra Mundial. Se trata de la primera organización de carácter exclusivamente femenina, y nace influenciada por los movimientos feministas del siglo XIX que dieron pie a la Unión Masónica de Mujeres de Francia. Por esos años, la escritora francesa Simone de Beauvoir abre la espita a un nuevo feminismo con su obra 'El segundo sexo', en 1949. Ahora, entra en juego la desigualdad física, la de hecho más que la de derecho, y se debaten cuestiones que tienen que ver más con la biología que con la igualdad política y social. Por primera vez se habla abiertamente de la sexualidad femenina, para con el hombre y para con la mujer. Se cuestiona el papel de la mujer en la familia, se critica el matrimonio, se rechaza la maternidad y se aboga por el aborto. Seguramente, Beauvoir no fue masona, pero lo cierto es que la masonería la ha encumbrado como musa del feminismo.

A partir de la II Guerra Mundial, aunque la masonería mantiene el fondo, cambia las formas; la Organización sigue fiel a su secretismo. Sus movimientos son discretos, sin apariencia alguna que detecte su presencia. Se proclamará el mensaje sin necesidad de liderar el proyecto. De hecho, los hijos de la viuda siempre se han encontrado más cómodos valiéndose de otros. Ahora, serán los nuevos medios de comunicación masivos los encargados de promocionar su mensaje. La prensa ya no es sólo información sino también opinión; y también la radio y el cine, como se demostró en plena guerra. Todos estos medios, junto a la naciente televisión, facilitarán el trabajo. Están en el punto de mira de la masonería, y sólo será cuestión de tiempo dominarlos y ponerlos a su servicio. Por otro lado, se trata de sembrar las ideas para luego distribuirlas al mundo profano, utilizando para ello a sus miembros más idóneos. ¿Cómo hacer eso? Puede valernos como respuesta las palabras del que fuera secretario del Gran Oriente de Italia, Umberto

Genova, a la revista Il Borgheseen en 1965: «*Hoy, hay masones en el Gobierno, en el Parlamento, en la Magistratura, en los Partidos, en todos, desde la extrema izquierda a la extrema derecha, y en todas las categorías sociales del país. A estos, nuestros hermanos, compete condicionar, según los principios masónicos, la orientación de los sectores a los que pertenecen*».

Llegados a la mitad del pasado siglo, los medios de comunicación irán inoculando con mínimas dosis, pero sin pausa, las mentes de las gentes mediante un mensaje unísono y omnímodo: lo que años más tarde redundará en corrección política. Una especie de dogma terrenal que señala lo que está bien y lo que no. Así las cosas, el conflicto entre la mujer y el hombre ha comenzado. En los siguientes años, junto a las reivindicaciones de igualdad, se va cociendo un nuevo feminismo centrado en la lucha de sexos. Activistas como Casey Hayden y Mary King, de carácter más bien político, darán paso a otras de signo fundamentalista, como Gloria Steinem, Robin Morgan, Kate Millett o Betty Friedan. Esta última fiel defensora del aborto, y que curiosamente, avanzada la década de 1970, sería acusada de retrograda. Ahí quedó el 'Manifiesto Scum', de la feminista y paranoica Valerie Solanas, publicado en 1967, en el que habla del hombre con tanto odio que incluso defiende su aniquilación. Pero no quedará ahí la cosa, en los años venideros el movimiento feminista se radicalizará mucho más. Ya no se combate por la igualdad de derechos. Se da un paso más. Ahora toca liberar a la mujer del yugo del hombre.

Son años, los '60, donde se unen un conglomerado de corrientes contraculturales. Al feminismo radical, que ha dado ya sus primeros pasos, se añaden nuevos colectivos, de carácter juvenil, que nacen en favor de sectores oprimidos. Así lo fueron los de defensa de los derechos civiles de las personas negras, los de apoyo a la homosexualidad, las organizaciones pacifistas en protesta por la guerra de Vietnam, la aparición del movimiento jipi, etc. Y a todo ellos se sumaría la revuelta del Mayo francés en 1968. Una revuelta, por desgracia, fracasada en lo político, pero ganada en lo cultural. Una efervescencia revolucionaria que traería consigo un ansia de libertad cultural, rociada de neomarxismo de salón, amor libre, drogas e irreligiosidad chusca. Se crea un nuevo escenario social, fruto del cual se aceptarán como normales cosas que antes no se veían con buenos ojos. El aborto empieza a mostrarse abiertamente como la solución: derecho a decidir de la mujer. A partir de 1965 se producirían en E.E. U.U. manifestaciones masivas a favor del aborto, que pocos años después, en 1973, darían pie al caso 'Roe vs Wade'. Por primera vez la justicia norteamericana reconoce a la mujer el derecho a continuar o no con su embarazo.

Desde entonces, conceptos como patriarcado y opresión machista han ido calando en la sociedad como los culpables de los males que aquejan a la mujer. A partir de ahí todo será más fácil para la Sociedad secreta. Mediante organizaciones de carácter público y otras entidades pantalla, o bien financiando directamente las plataformas feministas, se potenciará la nueva ola de feminismo –tercera ola– que nace a principios de los '90 y que llega hasta mediados de la pasada década. Actualmente, estamos inmersos en una cuarta ola que tiene como enemigo a batir al hombre. Un movimiento de carácter internacional, artificial por cuanto de artificio tiene, manipulado, politizado por intereses globalistas y con fines obscuros. El tiempo mostrará hasta dónde llega toda esta tosquedad. No resulta fácil predecir el final, aunque se presupone aciago. Eso de los dos sexos simula cosa antigua, lo moderno es el género, y de eso hay más de dos. En consecuencia, no parece tener mucho futuro lo de dividir a la sociedad en sólo dos partes. No resulta descabellado pensar que de lo que se trata es de aislar al hombre como tal, dando pábulo al todo vale contra él.

En general, la presencia masónica sobrevuela en todo el activismo feminista, ya sea de manera directa o indirecta. Según el historiador y actual director del Archivo de la Gran Logia Argentina, Dévrig Mollès, la Gran Logia Femenina de Francia apoyó las exigencias del movimiento de liberación femenino durante los años 60, 70 y 80 del pasado siglo, jugando un importante papel en temas como la planificación familiar y el aborto. A su vez, para el que fuera masón de grado 'venerable maestro', Serge Abad-Gallardo: «*No es absolutamente ninguna teoría de conspiración decir que la masonería tiene un fuerte poder político sobre la sociedad. Hay pruebas sólidas. En Francia, por ejemplo, la ley que permite la píldora anticonceptiva –1967– fue iniciada por Lucien Neuwirth, que era masón. Y Simone Veil promovió la ley francesa sobre el aborto en 1975. Desconozco si esta era masona, pero lo cierto es que estaba muy cerca de los ideales masónicos, ya que recibió vibrantes tributos de las más grandes logias masónicas francesas a su muerte en 2017*».

Visto todo lo anterior con la perspectiva que da el tiempo, puede apreciarse que la proyectada, y deseada, liberación de la mujer llevaba en el fondo un escondido propósito. Sólo hace falta echar un vistazo alrededor y comprobar como todo el pretendido avance de un feminismo mal entendido ha acabado con el principal papel de la mujer como tal: ser madre. Hoy en día, la maternidad es algo muy lejano y trasnochado para nuestras jovencitas; igual que la paternidad lo es para nuestros jovencitos.

No quisiera terminar el presente capítulo sin lanzar al aire un par de preguntas. Anticipo al lector que lo hago a modo de reflexión, ya que no tengo respuesta probatoria a ninguna de ellas. La primera, ¿por qué ha sido siempre occidente el lugar escogido por la masonería para cambiar los parámetros de la sociedad? La segunda, ¿por qué esos grupos de feminismo radical enmudecen ante culturas que nos asedian, donde la mujer es mero objeto sin derecho alguno frente al hombre? A buen seguro, en las respuestas hallaremos explicación al porqué del interés que mueve a la Sociedad secreta.

Masonería y familia

La masonería lo tuvo claro desde sus inicios. Para cambiar la sociedad de manera convincente y perdurable necesitaba tiempo; era preciso dosificar el mensaje, moderar el discurso y graduar el proceso. Todo ello amparado en el reemplazo generacional. Se debía utilizar la nueva savia para ir modelando la nueva costumbre; así, poco a poco, se acabaría con la anterior, convirtiéndola en vetusta y anticuada. Para conseguirlo había que manejar la educación; apropiarse de ella en exclusiva, y a ser posible desde la más temprana edad. Y no sólo eso, había que alcanzar el poder, todo el poder. Era preciso tomarlo, y ejecutar lo previsto con la autoridad que ofrece el Estado.

Con todo, transformar la sociedad con el único apoyo de la educación se mostraba poco eficaz, si mientras tanto se mantenía el contrapeso de la familia. Apartar la religión, decretar la laicidad, promover nuevos valores y sembrar una nueva ideología, resultaría ineficiente si la familia conservaba sus principios. Por tanto, era necesario que esta perdiese su estatus tradicional. Había que transformar la familia. Y para ello, para cambiar a la familia, había que cambiar a la mujer, mejor dicho, su rol. No se trataba de emancipación, ni de igualar sus derechos a los del hombre. Había que ir un paso más allá, y la masonería lo sabía. Sabía que la mujer vivía muy influenciada por la religión, mucho más que el hombre. Por tanto, tal como señala Ferrari Billoch en 'Entre masones y marxistas', había que «*arrancar a la mujer del fanatismo (...) a creer en milagrosas apariciones, purgatorios y otros absurdos*», porque, «*mientras vuestras esposas se postren a los pies de un hombre que se titula representante de Dios, (...) los masones no adelantaremos cuanto es necesario para lograr la luz espléndida de la antorcha del progreso*».

La familia es el pilar fundamental en el que se apoya la convivencia; es el núcleo sobre el que gravita la sociedad. Tanto, que se puede aseverar que sin ella es impensable la evolución de la humanidad, y por ende el progreso material, social, cultural y político de la sociedad. Así ha sido por milenios, y así nos lo muestra la historia. Apoyado todo ello en la ley natural que otorga a la mujer un papel primordial en ese núcleo. Porque en el fondo, la familia siempre ha sido matriarcal, por mucho que algunos lo nieguen. Por ello, resulta lógico pensar que, si la masonería aspiraba a modificar la sociedad, era preciso cambiar el papel natural de la mujer. ¿Cómo hacerlo? Convirtiendo a la mujer en víctima. Y, conforme a esta premisa, nada mejor que aliarse con los movimientos feministas del momento, la mayoría consecuencia de la Revolución Industrial. Así, se comenzaría agrandando una histórica desigualdad en sus derechos respecto al hombre, para luego liberarla del hipotético sometimiento.

Hemos visto en el capítulo anterior cómo la mujer se convirtió desde el principio en uno de los objetivos, y cómo la masonería fue trabajando el cambio; fuera por influencia propia o apoyada en instrumentos ajenos. De hecho, aquel primitivo propósito de cambiar el papel de la mujer en la sociedad se ha ejecutado prácticamente en su totalidad. Nadie puede negar la evidencia. Contemplado, ya sea desde un prisma epistemológico, doctrinal o filosófico, el principal papel de la mujer como garante de la vida ha dejado de ser. Pero para entender como se ha llegado hasta aquí es preciso recorrer un poco el pasado. Un pasado por cierto no muy lejano.

A principio y a lo largo de la década de 1960 el matrimonio era, en líneas generales, una institución relevante y estable. Pocas –muy escasas– parejas se planteaban vivir fuera del vínculo matrimonial. La edad media de quienes contraían matrimonio rondaba los veintitrés años, y la media de hijos en la Europa occidental se situaba en tres. No existía el concepto de familia monoparental tal como lo entendemos hoy día, más allá de situaciones de viudez, de divorcio –en países que era legal– o de soltería femenina. También en Estados Unidos había un modelo idílico de familia, retratado en las series televisivas de la época: estructura nuclear donde el padre trabaja y la mujer se encarga del cuidado de los hijos y de la casa. Por otro lado, era fiel estampa del progreso de aquellos años en los que la economía del mundo industrializado marchaba viento en popa. Años en los que los suburbios de las grandes ciudades albergaban a gente procedente del mundo rural en busca de mejora económica y social. Personas que, pocos años más tarde, formarían una pomposa y prominente clase media. Familias que, en su inmensa mayoría, no necesitaban el salario de la mujer para salir adelante y prosperar.

Será a partir de 1970 cuando se irá imponiendo el nuevo relato, que exige un nuevo papel para la mujer dentro del marco familiar. Había que liberar a la mujer del agravio comparativo que suponía su función frente a la del hombre. Influenciadas por las ideas del Mayo francés, junto al mensaje de algunos medios de comunicación, en especial el cine de vanguardia, la juventud femenina se apartará del tradicionalismo de sus madres. A lo anterior se sumaba el avance de la píldora anticonceptiva, que potenciaba su seguridad y efectividad, y la convertía en el método anticonceptivo más utilizado. Una forma personal, privada y discreta que permitía a la mujer participar sexualmente en igualdad de condiciones con el hombre. A la par, la mujer abría la puerta a otro tipo de competencia: la educativa. Se multiplicaba sustancialmente la presencia de mujeres en las carreras, otrora masculinas, como la de Medicina y la de Derecho. Pero no sólo cambiaba el papel de la mujer universitaria. Las parejas ya no sentían la necesidad de casarse a edad temprana: la mujer podía tener relaciones sexuales con un riesgo ínfimo de quedar embarazada. Ello hizo que también se alteraran otros parámetros de la sociedad: la edad de matrimonio y la edad de embarazo. En el mejor de los casos, la creación de las nuevas familias se fue demorando en el tiempo: en la Europa occidental, la media de edad de las parejas llegadas al matrimonio a final de la década de los '70 superaba los 28 años, 5 por encima de la de comienzos. En España la repercusión fue menor, unos 3 años.

Los años '80 y '90 del pasado siglo constatarán y afianzarán los cambios de rol de la mujer respecto a la familia. Gran parte de las mujeres casadas trabaja fuera de casa. La educación infantil de los hijos, caso de haberlos, comienza a dejarse en manos de otros entes: abuelos y parvularios. La mujer ya no deja el trabajo por el hecho de estar casada. Por un lado, se posterga la edad en la que se tiene el primer hijo y, por otro, se reduce el número de ellos, que se sitúa en una media de dos. Con el tiempo, a los anteriores motivos se sumará otro más: el encarecimiento de la vivienda. Lo que hasta entonces resolvía un solo sueldo, se va convirtiendo en entelequia. Las nuevas parejas que emprenden vida en conjunto se toparán con la necesidad de tener que trabajar ambos, si desean formar una familia bajo techo propio. En poco más de dos décadas el papel del hombre como único generador de ingresos se ha esfumado, y el de la mujer dentro de la familia ha dejado de ser sustancial.

En relación a lo anterior, conviene traer a colación las declaraciones hechas por el cineasta y activista político Aaron Russo en 2007, poco antes de morir. Según cuenta, su amigo Nicholas Rockefeller le había confesado: «*Nosotros los Rockefeller financiamos la liberación de la mujer. (...) y ¿quieres saber por qué? Por dos razones; una para sumar la mitad de la población al pago de impuestos y dos, para impedir que los niños se críen con sus madres; así adoctrinamos desde temprana edad y destruimos la familia*». A quienes mantienen que ninguno de los Rockefeller fue masón no seré yo quien les contradiga; no he encontrado prueba de ello, y en consecuencia no puedo afirmar lo contrario. Es, por tanto, muy probable que ningún miembro de la dinastía Rockefeller se iniciase en la masonería. No obstante, algo que nadie cuestiona es que buena parte de ellos la amparó y se apoyó en ella. Otro tanto ocurre con la familia Rothschild, potentados banqueros, cuya relación con la masonería resulta más evidente: tanto la Ferdinand de Rothschild Lodge y la Concordia Lodge, ambas activas, mantienen referencias de ello como promotores de las mismas. En cualquier caso,

¿alguien en su sano juicio se imagina a alguna de estas personas sumidas en la masonería como meros masones de grado equis? Por supuesto que no. Pero, ¿alguien en sensatez puede negar que esta gente controla la masonería y otras entidades secretas? Al igual que antes, la respuesta es no. Por tanto, resulta admisible pensar que quien posee el poder omnímodo del dinero puede ahorrarse los pasos de iniciación, y tener tanta o más influencia que declarados altos grados de la Orden. A lo anterior cabe añadir que, desde hace unas décadas, la masonería se apoya en el poder que ostenta el aspirante más que en su valor. Y aunque se mantengan los escalafones de entrada dentro de sus prácticas y ritos, los papeles de Aprendiz, Compañero y Maestro han perdido la importancia de antaño. Estos escalafones siguen como meros resquicios del pasado, sin prácticamente peso en el devenir de la Organización. Esta se asienta, por un lado, en las grandes empresas de comunicación y ocio convertidas en correa de transmisión de las ideas y pensamiento y, por otro, en los gobiernos que actúan como peones de la acción política. Y, además, son mucho más eficaces.

Vuelvo al guion. Siendo importante el cambio sufrido por la familia en las últimas décadas, el asunto no ha parado ahí. Si comparamos la familia per se de aquellas décadas con la del presente, el pasado se queda en simple juego de niños. Varios factores han contribuido a ello. Citaré un par. Uno, la laxitud producida en la legislación del divorcio. El principio que tiempo atrás alumbraba la ley, quedó reducido a cenizas. Ya no se trata de dar solución a un problema, sino de auspiciar la unión sin necesidad de asumir un mínimo de responsabilidad. Ese compromiso que acarreaba el 'sí quiero' de antaño, por lo que suponía la creación de una familia, se ha transformado en mero contrato sinalagmático. Una especie de prueba 'a ver qué pasa', sin obligaciones que asumir. Dos, el cambio en el paradigma de familia, que se ha abierto en lo semántico y en lo cotidiano. Ahora es algo habitual hablar de diversos tipos de familia al margen de la natural. Entre otras: monoparental, referida a aquella constituida por un padre o una madre;

homoparental, por lo que respecta a la formada por personas del mismo sexo; polinucleares, con diversidad de progenitores.

Pero todo lo anterior carecería de importancia si por medio no anduviera la presencia de seres indefensos, como son los niños. Porque ellos, al fin y al cabo, son los que sufren las consecuencias; en todos los ámbitos: físico, emocional y psicológico. Por cierto, este último el más conflictivo, dado que los efectos y secuelas lo son a largo plazo. Además, esa amplitud, vacuidad y licuación del concepto familia conlleva otro factor pernicioso, como es la delegación de funciones. Y ahí, cierto es, tampoco se puede exonerar a la familia tradicional; también esta es culpable. Tal es así, que cada vez son menos las familias, sean del tipo que sean, que asumen la tarea educativa de sus hijos. En su gran mayoría han renunciado a ese trabajo, dejándolo en manos ajenas. Hoy, tanto la enseñanza como la educación se confían en exclusividad al Estado, quien bajo la excusa de aliviar de carga a los padres, toma el control del vástago. Desde la más tierna edad se apropia de una criatura con sesera virginal, a la que insufla el tipo de ideología que más convenga. Así, roto el espejo de los padres, el nuevo ser se convertirá en un ejemplar súbdito, poco propenso a pensar por sí mismo. Y, de esta forma, se rompen los lazos que unen al hijo con sus padres, quedando estos a merced de los caprichos del futuro infante. Un hijo que no es instruido conforme a los valores de sus padres, sino de acuerdo a los cánones que vienen establecidos por vaya usted a saber quién.

La disolución de la familia natural es ya un hecho. Un bastión que al derribarse se lleva consigo toda una serie de valores y principios. Sin apenas oposición se ha ido moldeando el nuevo concepto de familia artificial. Esta se convierte en mera tutora legal, encargada de cubrir las necesidades materiales, pero sin influencia alguna en la moral, ni en lo espiritual. Entonces, sin entrar a fondo, ¿qué sentido tiene ese tipo de familia de artificio? Parece que poco o nada. Sin embargo, hemos llegado hasta aquí. Lo hemos permitido, sin inmutarnos, sin llegar a pensar que todas esas criaturas son las auténticas víctimas del disparate al que les hemos conducido. Hemos permitido un totalitarismo impuesto desde fuera, similar al de gobiernos comunistas. Y, curiosamente, ocurre en esta parte del mundo, occidental y cristiano, al que pertenecemos.

Tal vez no encontremos el nombre de masones patrocinando todo este cambio de cultura, pero una cosa está clara, alguien, desde hace tiempo y en la sombra, ha ido conduciendo el tren que nos ha llevado hasta aquí. Se me ocurre: la inmensa masa de medios de comunicación y entretenimiento que hoy día se hallan en manos de unos pocos; todas esas plataformas mediáticas que generan multitud de películas y series para televisión. Y así llego a la conclusión de que abunda, de forma unísona y generalizada, un mensaje en el que se pinta a la familia de siempre como algo peyorativo. Sea cual sea la temática de la serie, independientemente de si es comedia o drama, siempre sale a relucir la indignidad de la generación precedente frente al comedimiento que muestran los descendientes. Un meticuloso afán en presentar el problema generacional, que siempre ha existido, como un conflicto fruto de la maleficencia de las generaciones anteriores: padres y abuelos. Cuando el padre no aparece como un hombre fracasado, alcohólico, maltratador y de mente cerril, surge una madre mentalmente trastornada, drogadicta, fulana e irresponsable. Curiosamente, todo lo contrario de lo que ocurre en las nuevas familias, sean monoparentales o homoparentales, en las que los progenitores son personas incólumes, lo mejor de lo mejor.

Para entender mejor eso del mensaje global es necesario conocer, aunque sea someramente, el panorama de la comunicación. Hace unos cuarenta años, en 1983, el mundo de la comunicación y el entretenimiento en E.E. U.U. se lo repartían, en un 90%, medio centenar de empresas. Hoy día ese mismo porcentaje de la tarta está en manos de sólo cinco: The Walt Disney Company, WarnerMedia, Comcast, National Amusements y News Corp. Pero la cosa no queda ahí. A poco que arañemos, nos encontraremos que todas estas compañías tienen dentro de su accionariado, en posición preferente, a los mismos conglomerados financieros, sean bancos o grandes fondos de inversión, v. gr. Blackrock y Vanguard. Lo que sugiere que la 'línea editorial' –nótese el lado burlón– de estas corporaciones mediáticas no debe ser muy diferente.

La Iglesia católica principal objetivo de la masonería

El cristianismo fue perseguido desde sus inicios. Durante años, y en diversidad de ocasiones, los seguidores de Cristo han sido hostigados y, en cantidad de casos, martirizados. Así y todo, será en el siglo XVI, fruto de la Reforma y la Contrarreforma, cuando la dirección del ataque cambie: ya no vendrá de fuera, sino de dentro del propio cristianismo. Aquella ruptura provocará la lucha de unos contra otros, si bien la ofensiva se centralizará contra el catolicismo. Algo que suele suceder con frecuencia en muchos ámbitos de la vida: quien te abandona es luego quien acaba siendo tu mayor enemigo. A partir de entonces, el objetivo a batir ya no será el cristianismo en sí, sino la Iglesia de Roma. Como anticipo a lo que vendría, conviene tener presente que en pleno siglo XVI se produjeron cantidad de guerras religiosas que enfrentaron a cristianos contra cristianos. Tales como las de Kappel (Suiza), la de los campesinos alemanes o las de Francia. Y, junto a ellas, las persecuciones inquisitorias de todo orden, católicas y protestantes, incluida la dictadura teocrática de Calvino.

Llegados a este punto, tampoco está de más recordar los ataques que sufrieron los católicos en la Inglaterra de los siglos XVI y XVII. He ahí las persecuciones de Enrique VII durante los años 1534 y 1535. El Acta de Supremacía declaraba traidor a cualquier persona que simpatizara con la Iglesia católica, y convertía al Monarca en único y supremo jefe de la Iglesia en Inglaterra. Lo que, por otro lado, llevaba aparejado la titularidad de propiedades y rentas. La represalia se llevó por delante a católicos como Tomás Moro, Juan Fisher y los monjes de la cartuja de Londres, con su prior Jhon Houghton a la cabeza.

Posteriormente, tras el corto reinado de María Tudor, quien contraatacó de manera virulenta el protestantismo, llegó al trono su hermana Isabel. En contra de lo deseado por su antecesora, será esta quien neutralice con suma crudeza el catolicismo. Apoyada por los anglicanos, dispuestos a ignorar la ilegitimidad de la boda de sus padres, persigue cualquier atisbo de catolicismo y transforma Inglaterra en un país protestante con una Iglesia independiente de Roma. En 1585, el parlamento inglés acuerda la prohibición de celebrar cualquier rito católico, y obliga a los sacerdotes a abandonar el país bajo pena de muerte. Ya en 1591, mediante la Real Proclamación contra los católicos, se alimenta un auténtico estado policial contra estos, animando a cualquier vecino a la delación. Tal fue aquella inquisición que apenas quedaron católicos declarados en la Inglaterra de finales de siglo.

Tras la muerte de Isabel I, en 1603, se relajó la persecución a los católicos, aunque sería por muy poco tiempo. En 1605 un hecho, conocido como la Conspiración de la Pólvora, vuelve a poner a los seguidores del Papa en el punto de mira. Un reducido grupo de activistas católicos, con Robert Catesby a la cabeza, planeaba acabar con la vida del rey Jacobo I. Sin embargo, el intento de magnicidio quedó en sólo eso; los cabecillas fueron arrestados y luego ejecutados. Pero para los católicos el resultado supuso nuevamente la represión y su exclusión social. A mediados de siglo se formula el Código Clarendon. Se trataba de un compendio de leyes que favorecía explícitamente a la Iglesia anglicana en detrimento de otras confesiones. Por citar una de ellas, la *Conventicle Act*, que prohibía las asambleas religiosas de más de cinco personas no pertenecientes a una misma familia.

No acabaría ahí el acoso a los fieles de Roma. En 1666 se produjo un gran incendio en Londres, que arrasaría la ciudad durante cuatro días. Con independencia de quien fuera el culpable, lo cierto es que la quema se atribuyó a los católicos, lo que provocó otra nueva caza de brujas sobre esta comunidad. El siglo no finalizaría sin que los católicos fueran nuevamente acosados. La artificial conjura católica de 1678 fabricada por Titus Oates y, más tarde, los disturbios de Gordon aumentaron aún más la ira de los anglicanos, que se lanzaron en masa contra todo aquello que se sospechaba católico. A lo anterior cabe añadir el empeño del legislativo que, a través de un conglomerado de leyes, se centró en penar colectivamente a los católicos, tanto en Inglaterra como en Irlanda. De ahí, las conocidas como Leyes Penales –Penal Laws–, que no serían derogadas hasta entrado el siglo XIX.

Antes de llegar al siglo XVIII, en el que oficialmente nace la masonería, he querido repasar aquellos sucesos que, bajo mi punto de vista, influyeron e impulsaron la puesta en marcha de la Sociedad secreta. Soy de los que piensan que las cosas no suceden ni aparecen porque sí, sino que son fruto de acciones pasadas. Así, lo ocurrido en el siglo XVII provoca después una auténtica mutación de la masonería. La antigua masonería operativa acabará pereciendo, al mismo tiempo que surge la nueva masonería especulativa. Tal como escribe Ricardo de la Cierva en su libro 'El triple secreto de la masonería', «*La Iglesia condenó a estas agrupaciones generales por lo sospechoso de sus ritos esotéricos en 1648, cuando la Masonería operativa ya se estaba convirtiendo en especulativa*». Vidal, por su parte, apunta a la importancia que tenía la masonería en 1686; tanta que mereció una mención en la 'Historia natural de Staffrdshire', de Robert Plot. Por tanto, se podría mantener que la nueva masonería es producto de todo un convulso siglo XVII, en el que la guerra ha consolidado las diversas confesiones cristianas dentro de una fragmentada Europa. Y también cabe aseverar que aquella masonería nace abanderada por el protestantismo inglés, en dura batalla contra el papado romano.

Tal vez sea osado decir que la nueva masonería surge como oposición a la Iglesia, pero resulta fácil mantener que esta era –y sigue siendo– objetivo de aquella. A lo largo de estos últimos tres siglos han sido muchos los intentos de acabar con el catolicismo. Por mucho que los masones, algunos de ellos de buena voluntad, mantengan que se puede ser masón y católico, la verdad es que ello resulta quimérico. Porque si alguien ha perseguido de manera directa o indirecta a la Iglesia, esta ha sido la masonería. Desde los desmanes cometidos a raíz de la Revolución francesa, en los que se aniquiló y se expolió todo aquello que olía a católico, hasta el sibilino y furibundo asalto de nuestros días. Sin olvidar un siglo XIX pleno de anticatolicismo, y un XX que acabará con el enemigo infiltrado. Una lucha que sigue más viva que nunca y que hoy se libra tanto desde fuera como dentro del Vaticano. Para conocer lo pasado está la historia, el presente sólo es cuestión de observarlo.

Desde el principio, la Iglesia católica fue consciente de que aquella masonería especulativa era incompatible con el cristianismo. De tal forma que eso se ha traducido a lo largo de estos últimos tres siglos en cientos de referencias papales contra la Sociedad secreta. La mayoría de ellas incidiendo en la naturaleza secreta de esta y en su finalidad demoledora. Tal como señalaba el papa León XIII, la masonería busca *«la destrucción radical de todo el orden religioso y civil establecido por el cristianismo, y la creación, a su arbitrio, de otro orden nuevo con fundamentos y leyes tomados de la entraña misma del naturalismo»*. De una manera u otra, lo cierto es que las notas episcopales emitidas hasta entonces mellaron a la masonería. Y, como veremos a continuación, no se hicieron esperar las proclamas públicas de respuesta por parte de la masonería. A partir de la Revolución francesa, según iba avanzando el siglo XIX, los embates de la masonería al catolicismo se intensifican. Será una guerra total. Desde libelos difamatorios hasta noticieros, pasando por exhortaciones de personajes de cierto calado. Así se desprende de manifestaciones hechas por masones de renombre. A continuación, unas pocas.

Según Gustave Desmons, grado 33 y miembro del Consejo Supremo de Francia: *«La lucha entre el catolicismo y la masonería es una lucha a muerte, sin tregua ni cuartel (...) ¡Contra la Iglesia o contra nosotros!»* –Mémorandum du Rite Ecossais Ancien 1884. En Bélgica, Pierre Van Humbeeck, primer Ministro de Educación Pública, Maestro y Gran Comendador del Gran Oriente de Bélgica, manifestaba en 1883, *«Un cadáver bloquea el camino del progreso. Este cadáver es el catolicismo (...) y debemos arrojarlo al pozo»*. A la par, Auguste Couvreur, presidente de la Cámara de Representantes y Gran Maestro nacional añadía, «*¡Brindo por la muerte del espíritu clerical! ¡Por la caída de una Iglesia cuyo imperio descansa en la ignorancia y la superstición!*». Mientras que para Eugène Goblet d'Alviella, profesor de la Universidad libre de Bruselas, político y líder de la sociedad secreta, «*la masonería es el verdadero enemigo de la religión católica*», por ello, «*queremos guerra, y una guerra a muerte*».

Por su parte, en Italia, la masonería declara que usará todos los medios para acabar con el papado, y para ello dice: «*nos rebelaremos contra su violencia sacrílega. (...) contra el intruso, el derecho a actuar es eterno*» –Declaraciones de E. Panzacchi, escritor y político, cercano a la Organización, en 1888 a la Rivista della Massoneria italiana. O estas otras de Ubaldo Carbonni, publicadas en la misma revista en 1889, en las que pide guerra de manera elocuente, «*¡Guerra contra los sacerdotes, guerra! ¡Una guerra inapelable, una guerra eterna contra los impíos detractores de nuestra respetable Fraternidad Masónica!*». El 21 de noviembre de 1888, el Gran Maestro del Gran Oriente de Italia, Adrien Lemmi, dirige una carta a Albert Pike, Soberano Gran Comendador del Supremo Consejo de grado 33 y autor del catecismo masónico, en la que le pide: «*Ayúdanos a luchar contra el Vaticano, cuya autoridad es suprema, y bajo tu iniciativa, todas las logias de Europa y América se unirán a nuestra causa*». Al poco, Pike le responde: «*El Vaticano posee un inmenso poder bajo el control de una sola voluntad (...) La masonería se ha colocado a la cabeza de los ejércitos del pueblo y está lista para la guerra. Los medios no le fallarán cuando sea necesario*».

Algunos autores, poco documentados, defienden la tesis de que el anticlericalismo de la masonería en el siglo XIX se debe a los ataques de la Iglesia a aquella. La referida tesis no se sostiene, por mucha propaganda que promuevan. Se trata de una interpretación poco ajustada a la realidad, que intenta blanquear los desmanes de los hijos de la viuda. Nada tiene que ver la abundancia de publicaciones en contra de la masonería, con el acoso y la violencia. No se puede poner a la misma altura la crítica dialéctica y escrita, con el ataque físico. Por otra parte, la agresión a la Iglesia venía de lejos. Además, ha sido la Iglesia quien ha padecido actos violentos que han llegado hasta el asesinato. Veamos algunos ejemplos. El 17 de julio de 1794, eran guillotinadas en París catorce monjas y dos externas, pertenecientes al convento carmelita de Compiègne. Se las acusó de organizar reuniones conspiradoras, por su apego a creencias pueriles y por 'absurdas' prácticas religiosas. El 11 de agosto de 1834 comenzaron en Charlestown (Massachusetts) diversos actos de violencia contra la minoría católica, que finalizó con el saqueo e incendio de un convento de monjas ursulinas. Los motivos aún no están claros, pero todo parece indicar que alguien movió los hilos para incitar a la turba –alrededor de 2.000 personas– a la quema. En España, como ya hemos visto, el ataque no sólo fue difamatorio, también acabó con la vida de docenas de frailes y con la quema de buen número de conventos. Después las desamortizaciones, las que Menéndez y Pelayo calificó como «*el inmenso latrocinio*», que expulsaron a miles de religiosos y que finiquitaron gran parte de las vocaciones devotas de la época. En países eminentemente luteranos, como era el caso de Suecia, la reducidísima comunidad católica sobrevivía al margen de la ley. Hasta 1860 no se podía ser sueco y católico, ya que se perdía el derecho a la función pública.

Visto lo anterior, viajemos ahora en el tiempo y situémonos a mediados del siglo XX. Atrás queda nuestra Guerra civil y las otras dos mundiales. En estos años, la masonería ha ido asentando sus tentáculos en prácticamente todas las instituciones y gobiernos del mundo. En España, aunque legalmente prohibida, sigue moviéndose entre bambalinas esperando mejor ocasión. Mientras tanto, la Iglesia empieza a sufrir los efectos del quintacolumnismo. Tras la II Guerra Mundial, ya en la década de los años '50, el papa Pio XII designa al padre Luigi Villa para que hiciera un estudio acerca de la infiltración de la masonería en la Iglesia; lo que sugiere que el Pontífice era consciente del intrusismo masón puertas adentro del Vaticano. Dentro de esa ofensiva que la masonería venía manteniendo contra la Iglesia se produciría un punto de inflexión: el Concilio Vaticano II celebrado en 1962. La bonachona decisión de 'poner al día' la Iglesia, abrir la religión y adaptarla a los nuevos tiempos que corrían, serviría para introducir una visión marxista de la religión, que presidirían los nuevos presbíteros vinculados al reciente movimiento político social de carácter comunista. Mediada la década de los '50, había cierta presión ejercida por algunos vaticanistas que creían necesario involucrase en la política de los desfavorecidos. Como consecuencia de ello, nació una nueva corriente que trataría de integrar vertientes católicas y protestantes, algo que se trasladaría y se pondría en práctica en Iberoamérica. Así, a través de la llamada teología de la liberación, penetraría dentro del catolicismo el nuevo talante progresista. En el fondo, el Concilio de Juan XXIII se vería atrapado por las nuevas tendencias, y abonaría la paulatina infiltración de prelados afines a la masonería.

Ricardo de la Cierva refiere en su libro 'Masonería, satanismo y exorcismo' el carácter satánico de los altos grados de la masonería. Según él, no todos los masones son satánicos, pero sí los de los últimos grados. Ello se debe a que los masones de primeros grados desconocen por completo –les está vetado conocerlos– los secretos de los grados superiores. A partir del grado 15 se escenifican actos contrarios a la fe católica, misas en las que se parodia la Eucaristía en fechas señaladas como Jueves Santo, y otros donde se alaba a Lucifer como dios de la luz. Para ellos, no es Cristo quien trae la luz, sino Lucifer. Así lo relata Jim Shaw, quien llegó a ser masón de grado 33, en su libro 'The deadly deception': «...*tomé el pan, me dirigí al hombre que había elegido previamente como representante de la logia y se lo entregué diciéndole, toma, come, y dale a los hambrientos (...) De igual forma le di el vino, a la vez que le decía, toma, bebe, y dale a los sedientos (...) El escenario era obscuro y el ambiente daba miedo (...) Los rezos contra Cristo y los himnos que cantamos encajaban perfectamente (...) aquello fue una comunión negra en una misa negra».* También para el exmasón Abad-Gallardo, la masonería, en todas las obediencias y distintos ritos, es de hecho luciferina; la masonería es, en su fin, un culto a Lucifer.

La masonería se infiltra en la Iglesia católica

En capítulos anteriores me he referido a la Iglesia católica como uno de los objetivos a derruir por la masonería. Sin duda, el más importante. El catolicismo fue durante siglos como una china en el zapato masón, y está claro que sin esa oposición la tarea masónica se habría expandido rápidamente. De ahí que los hijos de la viuda no dudaran en emplear cualquier tipo de estrategia con tal de acabar con su mayor enemigo. Visto que la táctica del ataque externo no les daba el resultado esperado, optaron por asaltarla desde dentro. Esa sería la fórmula adoptada a partir de la II Guerra Mundial. Y no lo harán con simples escarceos como en tiempos pasados, sino a gran escala, empleando toda la caballería que fuese necesaria.

Los defensores de la masonería suelen preguntar, de modo tendencioso, cual es el beneficio que saca la masonería infiltrándose en la Iglesia. A tenor del declive que ha supuesto para ella la invasión, parece estar claro que mucho. La Iglesia es el último baluarte que le quedaba por conquistar. Como muchos estrategas saben, lo que no se puede destruir desde fuera se debe hacer desde dentro. La historia nos ilustra, y Troya también.

Los primeros indicios de incursión masónica dentro del Vaticano se detectaron a principios de los años '50. Tal como he mencionado, es Pio XII por mediación del cardenal Domenico Tardini, por entonces secretario de Estado del Vaticano, quien designará al sacerdote Luigi Villa para que investigue la infiltración masónica dentro de la Santa Sede. Con el tiempo, el trabajo del sacerdote mostraría que la penetración masónica llegaba a todos los niveles, incluidos los más altos cargos de la jerarquía eclesiástica. Hasta ese momento los masones, jesuitas inclusos, que pretendían blanquear a la Sociedad secreta, encontraron un fuerte obstáculo: el Código de Derecho Canónico de 1917. El canon 2335 afirmaba expresamente que, «*Los que dan su nombre a la secta masónica o a otras asociaciones del mismo género que maquinan contra la Iglesia o contra las potestades civiles legitimas, incurren ipso facto en excomunión*». Aun así, no fueron pocos los intentos de los jesuitas por acercar posturas con la masonería. Ello provocaría que, en 1949, el papa Pio XII saliera a la palestra reafirmándose en la incompatibilidad de ser católico y masón.

Tras la muerte de Pio XII, el nuevo papa Juan XXIII anuncia, junto a la celebración de un nuevo Concilio, la reforma del Código vigente; algo que finalmente tomaría cuerpo en 1964, ya con Pablo VI como cabeza de la Iglesia. Esto ayudaría a que se flexibilizaran, abundando en el fárrago de la divagación, muchos de los cánones, en especial aquellos que de manera explícita condenaban la pertenencia de los católicos a organizaciones secretas. Tales fueron las vacilaciones dentro de la curia romana, que los masones aprovecharon el momento para neutralizar la mala imagen de la sociedad secreta e infiltrar a sus peones en el escalafón de la Santa Sede. Era tal el caos, que bastará un ejemplo para darse cuenta de ello: por un lado, Pablo VI se ratificaba en la condena canónica, y por otro autorizaba, durante el año jubilar de 1966, a que los sacerdotes absolvieran a aquellos católicos que estuvieran incursos en procesos de excomunión por pertenencia a la masonería; todo con la promesa de que la abandonarán. Por tanto, no es de extrañar que poco a poco, los masones se apoderaran de parroquias, obispados e incluso de colegios cardenalicios.

Dentro del impulso conciliar, cabe resaltar el papel que jugaron los jesuitas antes y después del Concilio Vaticano II. Amparados por la intelectualidad marxista, fueron ellos, los jesuitas, los encargados de llevar a cabo la demolición doctrinal existente, así como de proyectar la nueva corriente ideológica que acabaría por imponerse dentro de la Iglesia. Por aquellos años, concretamente en 1965, la Compañía de Jesús elige como nuevo Prepósito general de la misma al padre Pedro Arrupe, quien animaría la inclinación de la Iglesia a corrientes aún más radicales. Tal es así que la Compañía expresaría su desacuerdo con la doctrina católica del momento en asuntos varios, entre los que destacaban la viabilidad del sacerdocio mixto y la aceptación de la homosexualidad. La etapa de Arrupe al frente de los jesuitas –1965/1983– se tradujo en un constante y progresivo desafío a las directrices de la Iglesia. Hasta su renuncia, mantuvo duros enfrentamientos con dos papas, con Pablo VI y, en particular, con Juan Pablo II, quien estuvo a punto de disolver la congregación. Al final, tras el nombramiento del sucesor de Arrupe en la Orden ignaciana, Peter-Hans Kolvenbachlas, las aguas volverían a su cauce.

Haré un paréntesis para referirme a la Compañía de Jesús. A lo largo de la historia han sido varios los desafíos que la Orden religiosa ha tenido con la Iglesia católica. El hecho de que dentro de la congregación convivan religiosos ordenados junto con hermanos legos, es decir, personas no ordenadas, la ha convertido en una organización controvertida. Algo que puede notarse en varios momentos de la historia, en los que ha actuado al margen de las directrices de Roma. Su cuarto voto, que les obliga a la obediencia papal, no siempre lo han tenido en cuenta. Pero, sin duda, es en la década de los años '60 del pasado siglo donde la intromisión de los jesuitas, tratando de bendecir el nexo de masonería y catolicismo, se llevó a cabo con mayor ahínco, sin que la Iglesia dijera ni pío. El propio Ferrer Benimeli, en 1968, en su libro 'La masonería después del Concilio', hace referencia al diálogo existente entre los jesuitas y cualificados masones en países como Italia, Alemania, Estados Unidos, Brasil, Canadá y España. Todo con el fin de *«un mejor conocimiento y comprensión mutua dirigidos a intentar esclarecer y resolver un problema secular»*. El número de jesuitas envueltos en toda esta defección no es pequeño. Cabezas visibles de ellos, tras el concilio, fueron los italianos Francesco Magri y, tardíamente, Giovanni Caprile, los franceses Jean Beyeer y Michel Riquet, el belga Michel Diericks, el brasileño Valerio Alberton y el español Ferrer Benimeli.

La supuesta benefactría que predecía la incipiente teología de la liberación, en la que la pobreza y la justicia social se situaban incluso por encima de la doctrina, dejó el camino expedito al enemigo. El tiempo ha puesto las cosas en su sitio, y aquel concilio, tal vez necesario, fue aprovechado por los enemigos de la Iglesia para introducirse dentro del organigrama del Vaticano, en especial la masonería que, en principio, entró sin apenas hacer ruido. Lo que hoy puede asegurarse es que muy pocos se percataron en esos primeros años de lo sucedido. Habría que esperar a la década de los '70 para empezar a comprobar las consecuencias de la infiltración. Una penetración que llegó a ser masiva en los colegios, seminarios y universidades católicas por parte de buen número de curas de orientación homosexual, con mandato expreso de devastar la Iglesia desde dentro. Y es que, lejos de los cambios litúrgicos, lo que se estaba gestando era una auténtica metamorfosis de la Iglesia católica.

Visto con perspectiva, aquel Concilio Vaticano II se les escapó de las manos a los dos papas que lo presidieron. Tanto más al último, Pablo VI quien, disponiendo de más tiempo que su predecesor, poco hizo por enderezar la complicada situación que se avecinaba, antes y después de la clausura. Fuese por la bicefalia a la que se vio sometido ese Concilio, fuera por la dificultad que suponía hacerse cargo de algo no propio, lo que realmente marcó aquel cónclave fue la falta de liderazgo de quienes lo rigieron. Y no sería por desconocimiento de lo que se aventuraba, sino más bien por todo lo contrario: el nuevo Papa vería arrasada su capacidad como máximo dirigente de la Iglesia católica. Así refiere el epígrafe 37 de la Constitución 'Gaudim et spes', promulgada por Pablo VI el 7 de diciembre de 1965, poco después de la finalización del Concilio Vaticano II: «*A través de toda la historia humana existe una dura batalla contra el poder de las tinieblas, que, iniciada en los orígenes del mundo, durará, como dice el Señor, hasta el día final*».

Tal como señala Michael Davies, el Concilio Vaticano II sirvió para que decayera el número de religiosas en todo el mundo, un 24,6% en el cuatrienio 1970/1974; para que, en ese último año, comparativamente con fechas anteriores al concilio, se redujera en un 66% la asistencia a misa en Francia, un 50% en Italia y, llegado 1975, más de un 50% en Holanda. También, para que descendiera el número de vocaciones sacerdotales en más de un 45%; al mismo tiempo que en Inglaterra y Gales las conversiones declinaron un 67% y los bautismos más del 40%. Todo ello demuestra el fracaso de un Concilio que perdió la Iglesia y ganó la masonería. El mismo Pablo VI hablaría de la autodestrucción de la Iglesia, y de cómo el humo de Satanás había penetrado por las rendijas del Vaticano.

Viene al caso lo que el sacerdote Malachi Martin escribió, en 1972, en el prólogo de su libro 'Tres Papas y un Cardenal': «*Excepto en la opinión de las muy ultrafanáticas mentes conservadoras, se considera a este Concilio Vaticano como una bendición para la cristiandad, un enorme adelanto para el catolicismo romano y un éxito absoluto como expresión de la voluntad popular (...) éste –el Concilio– es invocado como justificación de las acciones más variadas y extraordinarias: (...) casamientos entre homosexuales en Manhattan, la negación de la virginidad de María, de la Resurrección, de la infalibilidad del Papa, (...) oración por el tacto, cultos de Satán-Jesús, misas celebradas en salones por mujeres, misas rock, (...), monaguillos desnudos, uniones polígamas, yoga comunitario, gobiernos comunistas, revolucionarios jesuses negros, mujeres Espíritu Santo, (...) y toda una letanía de actitudes clericales y burradas teológicas que una época anterior de estrecha mentalidad habría entregado a las llamas de una hoguera ardiente, pero que hoy son consideradas como legítimos ejercicios de los derechos humanos*».

A lo largo de la década de los años '70 asomarían los primeros yerros del concilio, que llevarían a la Iglesia de Cristo a la menudencia y trivialidad de nuestros días. La continua labor de zapa de la masonería empezaba a dar sus frutos. Nadie de la cúspide vaticana era ajeno a la infiltración, que por otro lado avanzaba viento en popa. Los masones ya podían predicar, a viva voz, con efectiva evidencia, que se podía ser católico y masón sin que ello conllevara ningún tipo de penalización. Algo inimaginable pocos años antes. ¡Habían hecho muy bien su trabajo!

Tal era la situación que a principios de 1976 se publicó un dosier en el que aparecían más de 110 prelados italianos vinculados con la masonería. La relación mostraba el nombre del eclesiástico, su cargo y, lo más importante, tanto la fecha de iniciación como el número de matrícula que se le asignaba como masón. Dicho dosier fue divulgado por el periodista Mino Pecorelli, miembro a su vez de la logia P2, quien pocos años después fue encontrado muerto en extrañas circunstancias. En la lista aparecían mayoritariamente obispos y cardenales, junto a otros altos cargos pertenecientes a la religiosidad italiana. Si tomamos como medida el caso de Italia, no es descabellado pensar que la infiltración de masones dentro de la Iglesia por entonces, a nivel mundial, superara el millar. Y eso sólo era la punta del iceberg. En la práctica, la masonería se esparcía dentro del catolicismo, unida a su fiel aliado que era el marxismo. Y lo hacía no sólo en las iglesias de Europa, también, y con especial tino, en todo Suramérica.

Con la excepción de un pequeño grupo de clérigos que se oponían a las nuevas libertades teológicas, liderado por el arzobispo francés Marcel Lefebvre, el resto aceptaba y aplaudía, por lo menos en apariencia, los cambios introducidos por el Concilio. Sería Lefebvre, participante en el cónclave, quien denunciara, en su momento, los *«esfuerzos conjuntos de los comunistas y masones para modificar tanto el Magisterio como la estructura jerárquica de la Iglesia»*. Y añadiría: *«Todo está al revés: la fe, la moral, la disciplina. Las consecuencias de lo anterior ya pueden verse: El poder de resistencia de la Iglesia al comunismo, a la herejía y a la inmoralidad ha disminuido considerablemente»*. En 1976 el papa Pablo VI llama a audiencia a Lefebvre. La reunión tendría lugar el 11 de septiembre en la residencia papal en Castel Gandolfo. La conversación fue tensa, muy tensa. Las acusaciones de Pablo VI a Lefebvre fueron fuertes: *«Usted me condena*

(...) está actuando erróneamente (...) Desgraciadamente su posición va más allá de todo límite en sus palabras, acciones y actitud general (...) Lo que está en riesgo aquí, no es la persona, es el Papa, y usted ha juzgado al Papa como infiel a la fe, de la cual es el supremo garante (...) le ha dicho al mundo entero que el Papa no tiene fe, que no cree, que es un modernista, y demás cosas por el estilo (...) Usted ha realizado acciones extremadamente graves frente al mundo entero». Lefebvre pide disculpas, alegando que su intención nunca fue atacar a la persona del Papa, sino expresar lo que sucede con la Iglesia tras el Concilio. *«Con todos estos cambios no sabemos qué hacer, corremos el riesgo de perder la fe o de dar la impresión de que estamos desobedeciendo (...) Quisiera poder hincarme y aceptarlo todo, pero no puedo ir contra mi conciencia (...) Sólo soy un obispo que, destrozado por los hechos actuales, ha tratado de formar sacerdotes del mismo modo que se hacía antes del Concilio (...) Un gran número de sacerdotes y de fieles creen que es difícil aceptar las tendencias que iniciaron después del Concilio Vaticano II sobre la liturgia; la libertad religiosa; la formación de los sacerdotes; las relaciones entre la Iglesia y los gobiernos católicos; las relaciones de la Iglesia con los protestantes. No entienden cómo es que todas estas cosas que se promueven actualmente pueden estar en consonancia con la sana tradición de la Iglesia. Insisto, no soy el único que piensa así. Se han formado grupos que me ruegan no abandonarlos...».* Al final, todo acabaría en un diálogo de sordos. La última frase de Pablo VI lo dice todo: *«...he tomado nota de su perplejidad».*

Acabaré este capítulo mencionando otro de los graves problemas que perturbó la vida del papa Pablo VI. Me refiero a las finanzas del Vaticano. Si la masonería había abierto brechas en lo teologal y doctoral, ¿cómo no iba a hacerlo también en lo financiero, si esto servía para menoscabar el buen nombre de la Iglesia? En este caso, la Sociedad secreta lo haría en compañía de otra sociedad tan secreta como la misma masonería: Mafia Cosa Nostra. El asunto ya venía de lejos. En pleno reinado de Juan XXIII, el antiguo IOR –Instituto de Obras

Religiosas– toma cuerpo como banco; al frente del mismo se hallan Alberto di Jorio y Massimo Spada. Los gastos de la Iglesia se disparan, en buena medida por la caritativa mano del bondadoso Papa. Las nuevas necesidades hacen que la entidad financiera abra sus puertas a la especulación, los primeros años, en operaciones seguras. El nuevo panorama, ya con Pablo VI como cabeza de la Iglesia, no pasaría inadvertido a la mafia. Personajes como Michele Sindona, asesor fiscal de Lucky Luciano, y Roberto Calvi, prestigioso financiero y buen conocedor del banco Ambrosiano, se convertirán, con el tiempo, en asiduos visitantes de la entidad financiera vaticana, como si de buenos socios se tratara. Por su parte, Spada va dejando hacer. Las operaciones se internacionalizan en la misma medida que lo hace el blanqueo de dinero. Las cosas no quedarían ahí. Sindona, auténtico relaciones públicas del IOR, contacta con Licio Gelli, por entonces gran maestre de la logia P2 –Propaganda Due– con el fin de potenciar influencias. Este último, a su vez, serviría de correa de transmisión y atendería las sugerencias del también masón Umberto Ortolani, auténtico cerebro en las operaciones internacionales y con multinacionales. A todos los anteriores hay que añadir otro actor importante: Paul Marcinckus. El por entonces obispo era un advenedizo en eso de las finanzas. Aun así, en 1970 se le puso al frente del IOR con el ánimo de sanear las maltrechas finanzas de la Iglesia. Avanzaban los años '70 y el Banco del Vaticano se veía cada vez más comprometido, no tanto por su responsabilidad directa como por las sospechas de complicidad en la trama de estafas. Tan fuertes son las conjeturas de las autoridades no sólo italianas, sino también estadounidenses, que ambas llegaron al convencimiento de que el IOR había servido durante años para la evasión y el blanqueo de capitales. Todo este escándalo acarreó a la Iglesia un gran desprestigio, por mucho que nadie relacionara a Pablo VI ni a sus principales colaboradores. En el fondo, un ovillo que, con el tiempo, se convertiría en un maldito terno negro para la Iglesia.

La masonería maneja la Iglesia católica

Tras la muerte de Pablo VI la Iglesia procedió a elegir a su sucesor. El 26 de agosto de 1978, en un cónclave muy rápido, que había empezado un día antes, fue elegido Papa el por entonces cardenal de Venecia, Albino Luciani, quien tomaría el nombre de Juan Pablo I. El escaso tiempo que el nuevo Papa pasó al frente de la vicaría de Cristo merece una atención mayor que su breve papado. Su prematura muerte ha creado toda una serie de teorías que, hoy por hoy, no arrojan ninguna certeza probada sobre lo que realmente pasó. Todo porque la versión oficial dejaba en el aíre algunas inconsecuencias que darían pie a la especulación; cosa evitable de haberse realizado la autopsia del cadáver. Tan fácil como eso, pero por motivos nada concluyentes no se llevó a cabo. Una decisión difícil de entender por cualquier mortal. Con todo, no es objeto de este trabajo, ni intención mía, bucear en la búsqueda de una verdad tan enclaustrada. Baste decir que lo que he leído al respecto no aporta nada sólido a la teoría del asesinato de Juan Pablo I. Me inclino más por la opinión de mi admirado De la Cierva en su libro 'La hoz y la Cruz', que sostiene como fuente más fiable la de los monseñores Oddi y Samoré: «*En la investigación que inmediatamente llevaron a cabo dos cardenales de criterio seguro y credibilidad plena (...) Los dos rechazan decididamente la hipótesis del asesinato, explican la decisión de no practicar al Papa la autopsia porque el Colegio cardenalicio no sintió la menor necesidad de ello y concluyen que la muerte se debió a su mala salud y al peso del cargo*». Puede que haya quienes sigan creyendo en sinuosas acciones que buscan obscuros intereses con la ayuda de pócimas deletéreas, y como todo pensamiento son respetables. Ahora bien, si aplicamos el viejo aforismo y nos preguntamos ¿qui prodest?, no encontramos, y ha pasado tiempo, ningún beneficiario claro. Resulta poco admisible que fuera intención de Juan Pablo I reformar las estructuras del Vaticano con el fin de sanear algunas de sus pilastras, algo que los partidarios de la teoría del asesinato mantienen como móvil del mismo. Los que conocían bien al papa Luciani lo perfilaban como un hombre sosegado que meditaba mucho sus decisiones.

Lo que sí queda bien documentado es la situación que sacudía al Vaticano en aquellos años. Juan Pablo I recibía una herencia envenenada en lo financiero, que por ende influía en la popularidad de la Institución. De la Cierva lo expresa de manera perfecta, *«Entre todos los asuntos había uno que llegó a convertirse en obsesivo: el asedio especulador y mafioso a las finanzas de la Iglesia, que ya le había afectado viva y personalmente en Venecia cuando la Banca Cattolica del Veneto cayó en las redes de la pareja Sindona-Calvi, con el apoyo, que al papa Luciani le seguía pareciendo antinatural, del propio obispo Paul Marcinckus, presidente del Banco del Vaticano, el IOR».* Y añade, *«...esta siniestra banda de especuladores aparecía relacionada íntimamente con el misterioso Licio Gelli, creador de la logia Propaganda Due bajo la obediencia del Gran Oriente de Italia (...) Las conexiones abrumaban al pobre papa Luciani; (...) Michele Sindona, el hombre de la mafia, se había iniciado en la logia de Gelli en 1964, fecha en que arrancaba su ascenso fulgurante en el mundo de las finanzas internacionales que supo enredar a Paul Marcinckus y comprometer con ello directamente al Vaticano».* No es de extrañar, pues, que todo este lastre de preocupaciones hiciera mella en la salud de un Papa que por otra parte no gozaba de buena salud. Anecdóticamente, por la simbología numérica, y proféticamente, por lo que luego veremos, Juan Pablo I muere al cabo de 33 días de papado. No me refiero a la anécdota, a lo que el número 33 supone para los masones; lo hago en relación a las proféticas palabras de sor Lucia al todavía arzobispo de Venecia, Albino Luciani, en su peregrinaje a Fátima el 11 de julio de 1977, que tal como relata De la Cierva fueron estas: *«En cuanto a usted, señor Patriarca, la corona de Cristo y los días de Cristo».*

En menos de dos meses la Iglesia vería pasar tres papas. A consecuencia de la muerte de Juan Pablo I, la curia romana se moviliza de nuevo; el cónclave se reúne el 14 de octubre de 1978 y, tras dos días de deliberaciones, elige al nuevo Papa. Tal que así, el 16 de octubre se nombra a un desconocido cardenal polaco, Karol Józef Wojtyła, quien tomará la vacante de Pedro con el nombre de Juan Pablo II, en claro homenaje a su antecesor. El nuevo Papa es un hombre joven de tan sólo 58 años, deportista, marianista, anticomunista y pegado al pueblo. El legado que recibe hará que su pontificado no resulte fácil: de una parte, las finanzas; de otra, la infiltración masónica.

Tal como he comentado, el contexto económico que cercaba la Santa Sede era crítico, y su componenda representaba todo un desafío: los ingresos no cubrían los gastos. El escándalo que había supuesto el acercamiento al Banco Ambrosiano no sólo había manchado la imagen de la Iglesia, también mermó la captación de recursos. De hecho, todo el papado de Juan Pablo II se verá influenciado por una economía débil y ralentizada. Pero siendo grave lo relativo al dinero, peor resultaba la infiltración masónica que padecía la Iglesia, y que a esas alturas era un hecho de difícil, sino imposible, irreversibilidad. El número de masones había crecido considerablemente, tanto en la cantidad como en la cualidad de quienes lo eran. Y a todo lo anterior se sumó un suceso que, de una u otra forma, alteraría la calidad y fortaleza del Pontífice: el atentado contra su vida. El 13 de mayo de 1981, un ciudadano turco, Mehmet Ali Agca, disparó en plena plaza de San Pedro contra el Santo Padre y lo dejó gravemente herido. El sujeto ya había asesinado, hacía un año, a un editor de periódicos en Turquía. Sin entrar en supuestas conspiraciones, ya que a día de hoy tanto inspiradores como cómplices permanecen ignotos, hay un elemento que no puede pasar desapercibido, el relativo a las declaraciones que Ali Agca realizó a una televisión turca el 9 de noviembre de 2010. Tales declaraciones las recogió el periódico español 'La Vanguardia' en su edición de 11 de noviembre de 2010 con el título: «*Ali Agca implica ahora al Vaticano en el atentado contra Juan Pablo II*». Según la nota periodística, Ali Agca culpó al cardenal Agustino Casaroli de haber sido el cerebro que orquestó el asesinato del Papa. Y añadía: «*Casaroli era en 1981 el secretario de Estado del Vaticano, el segundo cargo más importante del Estado pontificio».* Nadie puede afirmar que lo dicho por Ali Agca se ajuste a verdad, como tampoco nadie puede contradecirlo. Lo que puede aseverarse es que Casaroli era masón, al igual que el encargado de las finanzas vaticanas Paul Marcinkus, y que Casoroli conocía bien las turbias aguas por las que se movía Marcinkus.

El papado de Juan Pablo II, que es el segundo más largo de la historia, se vio tensionado desde un principio por dos presiones. La ejercida por quienes exigían acelerar la puesta en práctica de los postulados liberales del Vaticano II, y aquellos otros que se oponían al cambio radical que suponía la implantación de buena parte de las propuestas de aquel Concilio, y que amenazaban al Magisterio de la Iglesia: el relativismo se introduce en el mensaje. Respecto a los primeros, quedaba claro que eran masones y, de no serlo, aceptaban los planteamientos de la Sociedad secreta. El segundo grupo, por oposición, lo formaban no sólo los tradicionalistas afines a Lefebvre, también otros segmentos menos radicales pero que no veían con buenos ojos la deriva neoliberal que, desde los años '60, tomaba la Iglesia. No resulta extraño pensar, pues, que el Santo Padre debía enfrentar un conflicto severo y que, a diferencia de anteriores, se producía dentro de la propia Iglesia. Con todo, el meollo del problema no partirá de los sectores conservadores, sino del otro, del liberal-progresista con los masones a la cabeza.

El primer remate, que casi acabó en gol, fue el cambio que introducía el canon 1374 del nuevo Código de derecho canónico, aprobado a primeros del año 1983. Desaparecía la mención explícita a la masonería del anterior canon 2535, cuando decía que *«quienes se afilian a la secta masónica o a otras asociaciones del mismo género (...) incurren ipso facto en excomunión»;* y por contra, generalizaba la pertenencia de tal forma: *«a quien se suscribe a una asociación que maquina contra la Iglesia (...) debe ser castigado con entredicho».* Tampoco el nuevo canon reflejaba como castigo la excomunión. Decía yo, a principio de párrafo, eso de *casi*, porque a los pocos meses, el 26 de noviembre de 1983, producto del revuelo ocasionado, la Congregación para la Doctrina de la Fe publicaba una aclaración sobre el susodicho canon 1374. Venía a decir que la omisión del término masonería se debía a un criterio de redacción más amplio, si bien la Iglesia seguía manteniendo su juicio negativo sobre ella, y por ello: «*los fieles que pertenezcan a la masonería se hallan en estado de pecado grave y no pueden acercarse a la Sagrada Comunión*». A pesar de lo anterior, lo cierto es que para la masonería el nuevo canon supuso un alivio, y un paso adelante. De hecho, a partir de entonces son muchos los masones que se encuentran cómodos en su calidad de católicos, tal que para ellos la confluencia de masón y católico es meramente una *situación irregular* dentro de la comunidad eclesial.

Ciertamente, los primeros años de su papado se vieron instados por la masonería, que ejercía su papel de influencia en las decisiones de Juan Pablo II. Así se entiende el acercamiento del Papa a grupos masónicos. El 'Giornale di Sicilia' se hacía eco de la visita que realizó a Palermo, el 21 de noviembre de 1982, y recogía la bienvenida que le dispensó la comisión masónica de la Piazza del Gesù. Mas tarde, el 22 de marzo de 1984, recibiría en audiencia en el Vaticano a una delegación de la logia B'naï B'rith, una organización paralela a la masonería y reservada exclusivamente a ciudadanos de origen judío. A su vez, la masonería quiso acercarse al Santo Padre, y lo hizo desde la alabanza. Así, en 1986, con ocasión de un acto interreligioso en Asís, la Gran Logia de Francia, se despacharía con esta nota: «*los masones franceses desean asociarse de todo corazón a la oración ecuménica que reunirá el 27 de octubre en Asís a todos los responsables de todas las religiones en favor de la paz en el mundo*». Por su parte, y en relación con ese mismo acto, el Gran Maestre del Gran Oriente de Italia manifestaría: «*Nuestro inter-confesionalismo nos valió la excomunión recibida en 1738 de Clemente XI. Pero la Iglesia estaba ciertamente en el error, si es verdad que el 27 de octubre de 1986 el actual pontífice ha reunido en Asís a hombres de todas las confesiones religiosas con vistas a rezar por la paz. ¿Y qué cosa distinta buscaban nuestros hermanos cuando se reunían en los templos, sino el amor entre los hombres, la tolerancia, la solidaridad, la defensa de la dignidad de la persona humana, considerándose iguales, por encima de los credos políticos, de los credos religiosos y de los colores de piel?»*. Todo un golpe a la integridad de la Iglesia.

Tampoco resulta baladí que al fallecimiento de Juan Pablo II la Gran Logia de Francia hiciera público un comunicado en que loaba su figura en estos términos: «*Defensor de los derechos del hombre, de los valores morales y espirituales universales, su santidad el papa Juan Pablo II ha sido un pastor inspirado que ha cargado con el mundo durante todo su pontificado para hacer más tangible el diálogo de cada hombre con su Creador*». Ya en 1996, pocos meses después de la muerte de Juan Pablo II, el Gran Oriente de Italia volvería a loarle con la concesión del premio Galileo Galilei', la más alta distinción de la masonería italiana para no masones. Algo que, como era de esperar, el Vaticano rehusó. El Gran Maestro de la logia dijo al respecto: «*Nuestra intención es rendir homenaje a un hombre que, a diferencia de sus predecesores, ha mostrado una gran apertura intelectual al rehabilitar a Galileo, al promover un análisis crítico de la Inquisición, un hombre que, en una palabra, se ha batido en favor de la tolerancia y del diálogo entre todas las religiones, como lo recuerda la cumbre histórica de la reunión interreligiosa de Asís*».

A pesar de los intentos de Juan Pablo II por moderar el avance de la masonería, esta se asentó y potenció su dominio. Los resortes del Vaticano II actuaron como trampolín sobre el que brincaban nuevas ideas; ya desde cualquier diócesis del planeta. Un tiempo de apertura que cambió a la Iglesia. Atrás quedaba el carácter tecnocrático, docto y dogmático, y se pasaba al asambleario, democrático y de mano alzada. En tales circunstancias, la elección del nuevo Papa sería, cuando menos, contendida. Aquel cónclave de 2005, que acabó nombrando al cardenal Ratzinger, rubricaría la lucha interna entre las dos facciones que dominaban la cúpula vaticanista: la tradicionalista y la modernista. En esta última dos protagonistas, si bien ambos representaban a la misma rama: Carlo Maria Martini, jesuita, con gran influencia en el sector modernista, reconocido como masón por el *Grande Oriente d'Italia Democratico* y llorado por el *Grande Oriente d'Italia* (P.2); el otro, Jorge Mario Bergoglio, también jesuita y simpatizante de la Sociedad secreta. El primero, probablemente afectado por su salud, dejaría vía libre al segundo, quien al final, por no tenerlo claro, se retiraría por motu propio. Así, la llegada de Benedicto XVI a la silla de Pedro supuso un último intento de enderezar la situación. No obstante, la cosa no mejoraría, al contrario, empeoraría.

Ciertamente, por entonces, diversos obispos y cardenales masones, y otros que sin serlo respaldaban las directrices masónicas, ocupaban puestos clave en la estructura de la Iglesia. Algunos nombres: Gianfranco Ravasi, presidente del Consejo Pontificio de la Cultura desde 2007 y a quien los masones consideran uno de los suyos; Christoph Schönborn, presidente de la Conferencia episcopal austriaca, amigo del actual Papa, fue homenajeado por la B'nai B'rith en octubre de 2013 (P.3); Godfried Danneels, primado de Bélgica, admitió pertenecer a la 'mafia de Saint Gallen' y haber conspirado contra Ratzinger en el cónclave de 2005, fue a su vez un ávido defensor del matrimonio homosexual; Reinhard Marx, cardenal alemán, nombrado asesor papal por Francisco, firme partidario de acabar con el celibato y de la bendición de uniones del mismo sexo, es también defensor de la ideología de género dentro del camino sinodal que ha emprendido Alemania. Otros abanderados del aperturismo y de la ideología de género: Jozef De Kesel, actual arzobispo de Malinas-Bruselas; Franz-Josef Overbeck, obispo alemán; Franz-Josef Hermann Bode, obispo y vicepresidente de la Conferencia Episcopal Alemana; Robert Zollitsch presidente de la Conferencia Episcopal Alemana de 2008 a 2014; José Raúl Vera López, obispo mexicano.

La elección de Ratzinger como nuevo Papa supuso para la masonería un duro revés a las expectativas de la Organización. El claro posicionamiento que el Pontífice mantenía en asuntos de capital importancia como son el aborto, la eutanasia, la familia, el matrimonio, el celibato o el ateísmo, junto a la proclama en defensa de los dogmas de la Iglesia, hacían de este Papa un personaje hostil a la causa. Así las cosas, buena parte del ambiente que se respiraba en el Vaticano, unido a la campaña mediática externa que patrocinaron los hijos de la viuda, convertirán el papado activo de Benedicto XVI en una lucha sin cuartel entre la masonería y la fe católica. Al poco de sentarse en la silla de Pedro, el nuevo Papa se enfrentará a la, hasta entonces, mayor campaña de descrédito hacia el catolicismo: los abusos sexuales dentro de la Iglesia. Los primeros casos de pederastia saltan a la luz en 2004, y tienen que ver con hechos supuestamente sucedidos hace décadas. La Iglesia, como organización, es consciente de que se ha abierto la caja de Pandora; y la han abierto desde dentro. En 2010, el mismo Papa declararía al respecto, al periodista alemán Peter Seewald: «*Desde mi elección a la sede de Pedro me había encontrado ya varias veces con víctimas de abuso sexual (...) en octubre de 2006, había exigido a los obispos de Irlanda sacar a la luz la verdad, hacer todo lo necesario para que no se repitan crímenes tan tremendos, garantizar que se respeten los principios del derecho y de la justicia y, sobre todo, curar a las víctimas (...) Los casos de abuso en el ámbito eclesial son más graves que en otros. Quien tiene una consagración más elevada tiene que satisfacer también exigencias más altas*».

Tales actos aberrantes no se presentaron a la opinión pública como un delito personal, sino como un mal endémico que afectaba a toda la organización eclesiástica. Bien diferente a lo que ocurre con otros colectivos, donde el ente está por encima del mal que, como individuos, puedan ocasionar sus componentes. En cualquier caso, lo cierto es que la prensa, primero la local y después la internacional, se volcó, día sí, día también, en titular portadas con casos de pederastia en los que pudiera estar involucrado algún clérigo. Sobre lo que supone esta lacra social convendría hacer un par de puntualizaciones. Uno, hasta hoy, el abuso sexual de menores tiene como brazo ejecutor al hombre, no a un ente. Dos, la pederastia no sólo se produce en el ámbito eclesiástico; de hecho, analizados los datos que ofrece un estudio de la Fundación ANAR, entre los años 2008 a 2019, referido a España (P.4), resulta que el sacerdocio es con mucho el colectivo que menos delincuentes aporta.

Con todo, este grave problema no será el único que tendrá que afrontar Benedicto XVI. Otro nuevo explotará en enero de 2012 con la filtración de una serie de documentos, fruto de una investigación interna del Vaticano –caso Vatileaks–, en los que aparecían diversos casos de corrupción y extorsión. Más allá de los amagos de intriga, complots, delaciones y traiciones, aquella filtración ponía de manifiesto que la lucha entre las dos facciones de la Iglesia seguía más viva que nunca: los fieles al mandato de Cristo y aquellos otros partidarios de una evolución ideológica adaptada a los nuevos tiempos. Un año antes, el 19 de junio de 2011, el presbítero austriaco Helmut Schüller daba a conocer su «*Llamado a la desobediencia*» que firmaban 329 sacerdotes. En él se abogaba, entre otras cosas, por el fin del celibato, la ordenación de mujeres y una flexibilización de la excomunión. Con anterioridad, Schüller había sido invitado a una gira por Estados Unidos, patrocinada por organizaciones de fachada católica, tales que: FutureChurch, Call to Action, New Ways Ministry, Women's Ordination Conference Corpus y DignityUsa, formadas todas ellas a partir del Vaticano II, con un claro objetivo de desafío a Roma y de marcado carácter aperturista a la nueva ideología en favor del celibato sacerdotal, la ordenación de mujeres y la homosexualidad.

Son años en los que la debilidad de la Iglesia se acelera. Contribuye a ello un informe encargado por el Papa, que elaboraron los cardenales Julián Herranz, Jozef Tomko y Salvatore de Giorgi. En el mismo se detalla la actual situación que abruma a la Iglesia: corrupción, sexo y pederastia con participación de sacerdotes y obispos. La situación es límite, y Benedicto XVI se ve incapaz de enderezarla, siquiera algo. No fueron problemas de salud como se dijo, sino la abrumadora carga de responsabilidad que pesaba sobre él, la falta de confianza en quienes le rodeaban y, sobre todo, las fuertes presiones a las que se vio sometido. Todo ello, junto a la soledad que le inundaba, forzaría su renuncia en febrero de 2013. Aun así, eso no bastaría; tanto se la tenía jurada la masonería que, incluso después de su renuncia, siguió atacándole de manera inmisericorde. Pasado el tiempo, la campaña contra él continúa; cada tres por dos aparecen titulares responsabilizándole de casos de pederastia.

En verdad, tras el retiro de Benedicto XVI, la estrategia de acoso y derribo basada en la pederastia, cambió el enfoque. Curiosamente, con la llegada del papa Francisco, los titulares sobre abusos sexuales empezaron a menguar. Además, ya no era el Papa el responsable, sino la Iglesia. El jesuita Jorge Mario Bergoglio es elegido como nuevo Pontífice en quinta votación el 13 de marzo de 2013. Su elección no sorprendió en exceso a la curia romana. Buena parte de ella conocía su talante abierto y esperaba que ello ayudara a elevar el buen nombre de la Iglesia, por entonces muy depauperado. Sin embargo, para otra parte de los electores ese aperturismo que representaba el nuevo Papa era visto con cierto recelo. El tiempo apoyaría su prevención.

Nada más llegar a la silla de Pedro, diversas logias masónicas aplaudieron la elección del nuevo Papa. El gran Maestre de la principal logia de Argentina, Ángel Jorge Clavero, manifestó: *«Saludamos la elección de un ciudadano argentino al papado con mucha alegría».* También, Gustavo Raffi, Gran Maestro de la logia del Gran Oriente de Italia, saludó y se alegró de la elección: *«Con el papa Francisco, nada volverá a ser igual. La elección de la fraternidad por una Iglesia de diálogo, no contaminada por la lógica y las tentaciones del poder temporal, es clara».* Y, nuevamente, la logia B'naï B'rith animó y felicitó el nombramiento. Asimismo, con motivo del viaje del Santo Padre a Rio de Janeiro en julio de 2013, la revista masónica de Brasil, O Malhete, en su edición de agosto de 2013, loaba la actitud del papa Francisco. Bajo el título 'Una lección del Papa', esto escribía Derildo Martins da Costa,

LOS MASONES SIGUEN ENTRE NOSOTROS

Venerable Maestro de la ARS Luz do Planalto: «*El Papa es pop, el Papa es genial, el Papa es elocuente (...) El papa Francisco, antes de exhortar a otros a hacerlo, lo hizo primero. Ahí está la diferencia con sus predecesores (...) el Papa no parece haber venido a dar ejemplos de catolicismo porque, allá en el cerro, al pasar frente a una iglesia evangélica pidió orar por él y rezó un "Padre Nuestro" con los pastores que estaban en la puerta*». De igual manera, la revista L'Acacia perteneciente a la Gran Logia de Italia para el Rito Simbólico, en su número 1-2 de 2013, página 65, afirmaba en relación a Bergoglio, «*nadie más que un jesuita podría ser apto para asumir el desafío de los cambios que aguardan a la Iglesia*».

Lo anterior, a lo que debe sumarse la evidencia de casi un decenio de pontificado, convierten a este Papa en un personaje, cuando menos, controvertido. Las formas y el fondo de Bergoglio han sorprendido a muchos fieles, llegando a desconcertarlos. Tanto la reforma de algunas de las estructuras de la Iglesia como el cambio en sus actitudes, entran en conflicto con el pensamiento de una parte importante de católicos, sean estos simples fieles o altos diáconos. En algunos puntos, la postura de Bergoglio se torna liquida. Tal es el caso del visto bueno a la unión civil de los homosexuales, que de iure abre la espita a la adopción. Así se manifestaba el Papa en el documental 'Francesco', dirigido por el cineasta israelí Evgeny Afineevsky, exhibido en el festival de Roma en octubre de 2020: «*Las personas homosexuales tienen derecho a estar en una familia. Son hijos de Dios y tienen derecho a una familia. Lo que tenemos que hacer es una ley de uniones civiles. Tienen derecho a estar cubiertos legalmente. Yo apoyé eso*». No es extraño, pues, que el Gran Oriente de Italia alabara esa postura, por mucho que el Vaticano sacara al poco tiempo una nota aclaratoria, afirmando que la doctrina de la Iglesia no había cambiado al respecto, y que las palabras de Francisco fueron editadas y sacadas de contexto.

Aunque en Internet existen numerosas páginas que lo tildan de masón, nadie bien informado puede acreditar que Bergoglio lo sea, o lo haya sido. Personalmente, no he encontrado documentos o testificación alguna que lo confirme. Sin embargo, sí resulta cierto que ha coqueteado con la Organización secreta. De hecho, parte de su discurso es amable con la política masónica, al igual que tampoco resultan hostiles algunos de sus actos, ello al margen de algunas declaraciones suyas en las que manifiesta su oposición a la masonería. En mi opinión, de una u otra manera, el papa Francisco debería dejar la ambigüedad, su indiferentismo religioso y mostrar claramente su fidelidad a los principios que señala el Magisterio de la Iglesia. Sin embargo, parte de lo que hace y dice sigue contrariando a los fieles. Su apoyo entusiasta a la hoja de ruta que marca la Agenda 2030 no es propio de quien ocupa la silla de Pedro. Y no lo es, porque la misma esconde, con turbación, el mensaje evangélico para modificarlo y acomodarlo al interés material de un exclusivo gobierno global en la sombra, sin apetencia espiritual. Ahí, donde la ley natural, propia del Creador, dejará de existir dando paso al mandato del hombre, de cariz materialista.

Tal como he escrito en el capítulo anterior, desde mediados del pasado siglo la infiltración de la masonería en la Iglesia católica ha ido en aumento. Ya antes del Vaticano II algunos seminarios, y en mayor número las diócesis, se abren a la boyante teología de la liberación que irrumpe con fuerza. Ello, junto al componente comunista que rodea todo ese movimiento, le sirve de ariete a la masonería para introducir sus peones. No obstante, será a partir del Concilio cuando se extienda la presencia masónica, tanto por lo que respecta al número como al grado clerical.

Tampoco resulta baladí la intromisión externa en los asuntos internos de la Iglesia. En 1960, concretamente el 13 de junio, el franco-judío Jules Isaac, auspiciado por la organización judía B'nai B'rith de carácter masónico, entabló un primer contacto con el papa Juan XXIII. El motivo de la visita: sentar las bases de un acercamiento judeocristiano. En el fondo de ello se haya la petición de rectificación de la enseñanza cristiana con relación a Israel. A partir de ahí, y a lo largo del Concilio, se produjeron diversas reuniones entre la Santa

Sede y distintos comités judíos. La sólida presencia de la B'nai B'rith, representada por su presidente Label Katz, sería quien al final, utilizando hábilmente la presión mediática, marcaría los acuerdos finales. Así, en la sesión IV del Concilio llevada a cabo el 28 de octubre de 1965, se aprobaría por amplia mayoría el documento Nostra Aetate que abría la Iglesia a la fraternidad universal excluyendo toda discriminación. Léon de Poncins –1897/1975–, escritor y periodista francés, autor de varios libros sobre sociedades secretas y muy crítico con la resolución conciliar, tras el Concilio Vaticano II, recibió una carta privada de un masón en la que se podía leer: «*Nosotros los francmasones pudimos bien poco con Pío X y Pío XII, pero a Pablo VI le hemos vencido*».

El sacerdote y teólogo Luigi Villa, quien recibió de San Pío de Pietrelcina, por mandato de Pio XII, el encargo de defender a la Iglesia de Cristo de la Masonería eclesiástica, refiere diversos documentos masónicos en su libro 'La Massoneria e la Chiesa Cattolica'. Esto escribe referido al contenido de uno de esos documentos: «*La Iglesia solo caerá a través de la corrupción (...) nunca nos cansemos de corromper a través de popularizar el vicio en las multitudes. Que lo respiren con los cinco sentidos, que lo beban, que se saturen. Generando corazones viciosos, ya no tendrán católicos (...) La corrupción del pueblo por los medios del clero, y del clero a través de nosotros. La corrupción debe llevarnos al entierro de la Iglesia. Utilicemos historias de sexo y violencia en el cine, la televisión, las publicaciones de bajo costo, los libros (...) esto nos reserva un inmenso auditorio (...) será la mejor manera para acercar a los niños, de manera gradual a la inmoralidad, así lograremos la posesión de todos los jóvenes (...) de mañana a noche tendrán la cabeza pletórica de violencia, sexo, asesinatos, magia (...) así eliminaremos las imágenes religiosas de su alma*».

PARTE III

Organizaciones secretas, masones y poder

Por mucho que los masones lo nieguen, la masonería es una organización iniciática, escalonada y secreta. Iniciática por cuanto la pertenencia a ella requiere un acto de iniciación referido al candidato. Escalonada, porque sus miembros los son conforme a unos niveles o grados a los que se llega tras superar los ensayos a que son sometidos. Secreta, ya que el *conocimiento* se va adquiriendo a medida que el masón asciende de grado y bajo juramento de no revelarlo. Lo anterior es común a la diversidad de órdenes masónicas que abundan a lo largo y ancho del globo, si bien respecto al secreto, este resulta más exigente y riguroso en la medida que la logia pertenezca a la masonería irregular, sea *'encubierta'* –participada por personas influyentes y anónimas– o *'desviada'* – inducida por tendencias criminales. Además, la diversidad de Grandes Orientes, incluso dentro de un mismo país, provoca una falta de rigidez a nivel de toma de decisiones de finalidad global. En consecuencia, ello hace que no se pueda hablar de una única masonería, sino de diversidad de masones. Algo que viene de lejos. Ya en el siglo XVIII existía una diferenciación entre la masonería inglesa y la francesa; la primera, influida por su carácter anglicano, mucho menos irreligiosa que la segunda. Hoy se podría hablar de organizaciones de carácter masónico con formatos diferentes y finalidades similares. Dicho de otra forma, de organizaciones paralelas a la masonería en sí.

Hecho este pequeño introito, convendría abrir el concepto de masonería más allá de lo que se entiende como organismo perteneciente a una Gran Logia, o a un Grande Oriente, porque como tales no son todas las que se conocen, ni se conocen todas las que son. Según una investigación policial llevada a cabo en Calabria (Italia), en 1994, sólo eran conocidas 4 de las 26 logias existentes.

El aparente asomo de los masones a la vida cotidiana, su participación en las redes sociales y su presencia en cantidad de webs no es óbice para seguir sospechando de sus intenciones. Detrás de un amable discurso se sigue escondiendo su secreto. No se puede llevar uno a engaño, la masonería sigue siendo secreta, exclusivista y cerrada al mundo profano. Más allá de ese lado amable que se vende, se encubre una preocupante y escondida finalidad: transformar la sociedad a su imagen y semejanza. Los integrantes de la genuina masonería, la que va más allá de los primeros quince grados, la que ordena y manda, son individuos de poder pertenecientes a diferentes estamentos de la sociedad, en los que se estudian y dictan resoluciones de alto calado. La transversalidad de los cargos conforma una red que liga los ganglios funcionales de un país, incluso más allá de sus fronteras. Fuera de partidos e ideales políticos, lo que une a los masones es el poder y el peculio, aunque para ello haya que asumir una ideología impuesta.

Son diversas las organizaciones que sin declararse masónicas resultan afines a la causa y mantienen una finalidad hierática y secreta. Si bien carecen de iniciación, y sus partícipes lo son por elección y designio de y entre personalidades de alto rango y posición, sus reuniones y toma de decisiones gozan de alto secreto. Por otro lado, son muchos los masones que a su vez pertenecen a estas organizaciones, y también fueron muchos los masones que las fundaron. Cuando hablo de secretismo no me refiero al conocimiento que la entidad ofrece sobre sí misma. Eso, como tal, es de dominio público. A lo que aludo es a su interioridad, ya que se trata de organismos con influencia más allá de la meramente económica. Si bien no esconden los nombres de los dirigentes y partícipes, estas organizaciones eluden la existencia de otras personas con alto poder e influencia. Dicho de otra forma, siendo todos los que dicen, no citan a todos los que están. Ello convierte a estas entidades en claramente amenazantes y peligrosas para el bien común. De carácter autocrático, nacen al margen de la entidad política, marcan agenda y deciden. Nadie elige a sus mandatarios y pocos conocen su finalidad.

El 29 de mayo de 1954, promovida por el masón de origen polaco Józef Retinger, tiene lugar la primera reunión del Grupo Bilderberg, nombre que toma del hotel holandés donde se celebra. A esta primera sesión asistieron, entre otros, David Rockefeller y el anfitrión, el entonces príncipe Bernardo de Holanda, vinculado a la masonería, y que sería nombrado presidente de la nueva entidad. Desde entonces el Grupo ha venido reuniéndose cada año, con excepción del año 1976 por un escándalo de sobornos que implicaban a su presidente, y de 2020 por razones obvias. El Grupo Bilderberg, también conocido como Club de Bilderberg, es una de estas organizaciones encubiertas. Se trata de una entidad privada y de carácter restringido, que invita a sus sesiones a líderes políticos –por lo general no en el poder–, propietarios y dirigentes de empresas del mundo económico-financiero y dueños de medios de comunicación. Dentro de su cuadro directivo abundan masones declarados y simpatizantes de la causa masónica. Por sus cumbres han pasado, como invitados, destacados personajes de lo más sombrío: Edmond de Rothschild, Henry Kissinger, Bill Gates, George Soros, Jeff Bezos, Hillary Clinton, Christine Lagarde, David H. Petraeus – exdirector de la CIA–, Eric E. Schmidt, Ursula von der Leyen, entre otros. A tenor de lo anterior, conviene hacer una puntualización para distinguir entre los miembros activos del Club y los invitados. Estos últimos acuden a la cita, con una agenda cerrada previamente por la institución. Actualmente –desde 2012– está dirigido por Henri de Castries, a su vez presidente del laboratorio de ideas Institut Montaigne y vicepresidente ejecutivo de Nestlé. De

Castries es un ferviente globalista que, como tal, cree en la integración de las naciones dentro de un único estado y con un solo gobierno mundial. De él son estas palabras en 2012: «*Es hora de hacer los esfuerzos de integración, y que se han pospuesto durante demasiado tiempo. Apoyaremos una mayor integración europea, pero para ello necesitamos un entorno político, legal y normativo que permita y fomente nuestra acción*». Ello, en un claro aviso a los líderes europeos.

Se podría afirmar sin riesgo de faltar a la verdad que el Club Bilderberg es parecido a la reunión de negocio que una empresa privada, de manera exclusivista y secreta, celebra cada año; tras escuchar la voz de los ejecutivos, la junta directiva marcará las pautas que regirán a futuro. Así, el conglomerado del Grupo Bilderberg, reunido anualmente por cuatro días, cuenta con la participación de destacados políticos y poseedores de grandes fortunas, junto a miembros de la realeza, presidentes de corporaciones mediáticas y agentes de inteligencia. Por boca de algunos participantes sabemos que durante esos cuatro días se aportan ideas y se debate. Y también sabemos, aunque no nos lo digan, que todo se mantiene en el más estricto secreto. En su libro 'Masonería, Religión y Política', el sacerdote, teólogo y experto en agrupaciones secretas, Manuel Guerra Gómez sostiene que el Club Bilderberg está apoyado en tres círculos concéntricos. Uno, el relativo a la dirección, con poder ejecutivo en la toma de decisiones, y donde la mayoría de sus miembros son masones. Dos, un comité asesor conformado por 39 delegados que marca las directrices. Y tres, un último círculo formado por afiliados y personalidades de poder y prestigio en los ámbitos político, financiero y mediático.

A estas alturas, a pocos escapa que el Club Bilderberg es una de las organizaciones mundiales más influyentes en la toma de decisiones por parte de los gobiernos occidentales. Los últimos años la prensa no ha tenido rubor en hablar del encuentro anual, e incluso mostrar la lista de asistentes. Pero ahí queda todo, porque de lo tratado dentro, nada de nada. Por ello, es normal que sean escasas las personas que conozcan lo que se esconde tras las bambalinas. Con todo, una cosa parece ser cierta: lo que ocurre dentro se asemeja a un consejo de ministros. Como si de un gobierno en la sombra se tratase, ahí se adoptan medidas que nos afectarán a todos. Pero a diferencia de un gobierno elegido democráticamente, a los integrantes del Club no los elige la ciudadanía. Se puede, por tanto, colegir que dichas medidas se toman al margen de la voluntad popular. La elección de los invitados, al igual que el lugar de celebración, se toma meses antes de la reunión. Se prohíbe rigurosamente el paso a la prensa, y se impone a los asistentes un protocolo de estricta confidencialidad. Aun así, la revista estadounidense Spotlight –actualmente desaparecida– sacó a relucir en los años '80 y '90 distintos comentarios de algunos de los invitados. De la información se extraía, básicamente, el interés del Grupo en la desaparición de los Estado-Nación y la formación de un único gobierno dentro de un nuevo orden mundial.

En el libro 'La verdadera historia del Club Bilderberg' su autor, Daniel Estulin, manifiesta que asociarse con el Grupo «*siempre ha arrojado magníficos beneficios*», y pone como ejemplo de ello a cuatro políticos. Bill Clinton, que asistió a la reunión en 1991, fue elegido presidente en 1992. Tony Blair que fue invitado en 1993, consiguió la presidencia del partido en 1994 y llegó a Downing Street en 1997. Romano Prodi que acudió a la reunión en 1999, pocos meses después sería nombrado presidente de la Unión Europea. Y George Robertson, quien estuvo en 1998, un año más tarde conseguiría la secretaría general de la OTAN. Claro está, esto no sucede siempre. Ahí queda como ejemplo de ello el caso de un joven y prometedor político español, que fue invitado en 2017 junto a otros españoles, Luis de Guindos, Ana Botín y, el asiduo, Juan Luis Cebrián. Sí, hoy se puede decir que a Albert Rivera no le sirvió de nada eso de Bilderberg. La causa: hoy por hoy es desconocida.

Otras dos sociedades secretas en las que prodigan buena cantidad de masones son el Consejo de Relaciones Exteriores, conocido por sus iniciales en inglés CFR –Council on Foreign Relations–, y la Comisión Trilateral, o simplemente Trilateral. El CFR data de 1921, si bien su influencia no se haría notar hasta terminada la II Guerra Mundial. Su presidente fundador John W. Davis era masón, como también algunos de sus miembros. Tal son los casos de Frank Kellogg, secretario de Estado, William Averell Harriman –grado 33–, gobernador de Nueva York, Allen W. Dulles, director de la CIA y Arthur Capper, gobernador de Kansas.

Respecto a la Comisión Trilateral, baste decir que fue promovida por David Rockefeller, en 1973. Aunque independiente del CFR, es una derivación de él, hasta el punto de que algunos de sus miembros han participado en ambas entidades. Nace como una formación menos cerrada que el CFR, aunque en ambas el funcionamiento interno es secreto. A diferencia del Grupo Bilderberg, tanto el CFR como la Trilateral tienen un carácter centrado más en lo económico, pero no por ello menos político. En 1979, en su autobiografía 'With No Apologies', el senador republicano Barry Goldwater afirmaba: «*La Comisión Trilateral es la última conspiración internacional de David Rockefeller (...) representa un esfuerzo hábil y coordinado para tomar el control y consolidar los cuatro centros de poder: político, monetario, intelectual y eclesiástico (...) Lo que los Trilateralistas realmente pretenden es crear un poder económico mundial por encima de los gobiernos políticos de los estados-nación involucrados*». Por citar algunos miembros de la Comisión Trilateral de época reciente, también masones, ahí va media docena de ellos: George HW Bush Sr. –presidente de 1989 a 1993–, Bill Clinton –presidente de 1993 a 2001–, Al Gore –vicepresidente con Clinton–, Colin Powell –secretario de Estado de 2001 a 2005–, Lloyd Bentsen –secretario del Tesoro 1993 a 1994–, Leslie Aspin –secretario de Defensa 1993 a 1994. El 25 de abril de 1992, 'The Washington Post' publicaba un artículo de David Mills

(P.5) alertando sobre la Comisión Trilateral, que ese año había elegido como país anfitrión a Portugal. En él se podía leer: «*A puerta cerrada (cómo no), se dan cita este fin de semana en Lisboa. Algunos los llaman "Gobierno en la sombra", " Establishment,", "Élite global" que dirige el mundo. Se hacen llamar simplemente... Comisión Trilateral*».

El Foro Económico Mundial –WEF por sus siglas en inglés–, conocido también como Foro de Davos, es otra más de estas organizaciones a la que asisten masones declarados y otros que no lo reconocen. Fundado en 1971 por Klaus Schwab, tiene su sede en Ginebra –Suiza. Lo que comenzó como una reunión focalizada en la empresa y la economía y centrada en la órbita europea, se ha convertido hoy en un organismo de poder desmesuradamente influyente, no sólo en lo económico, también en lo político, social e ideológico. Ya en 1973, en plena crisis del petróleo, a lo económico se unió lo social. En 2015, el foro alcanzaría formalmente la catalogación de organización internacional. Dentro de la junta directiva nos encontramos, entre otros, nuevamente al incombustible Al Gore y a otro gerifalte que también forma parte directiva del CFR, Laurence D. Fink, presidente y director ejecutivo de la mayor corporación mundial en la gestión de inversiones, por nombre BlackRock. Junto a ellos, a dos poderosas mujeres, Kristalina Georgieva, directora del Fondo Monetario Internacional, y Christine Lagarde, presidenta del Banco Central Europeo. Otro personaje relevante es L. Rafael Reif, presidente del MIT –Instituto Tecnológico de Massachusetts.

Si algo diferencia a esta última Organización de otras es que no esconde buena parte de sus fines. Así, uno puede leer en la sección agenda de su web toda una serie de artículos que muestran de forma meridianamente clara los objetivos que mueven al WEF (P.6). En una nota publicada el 3 de junio de 2020, en plena crisis por el CoVid-19, bajo el título 'The Great Reset' –El gran reinicio–, teniendo a la pandemia como referente, Schwab manifestaba: «*...sabemos que el cambio climático podría ser el próximo desastre global con consecuencias* *aún más dramáticas para la humanidad»*. Y añadía: *«Tenemos que descarbonizar la economía en el breve período que aún queda y hacer que nuestro pensamiento y comportamiento vuelvan a estar en armonía con la naturaleza»*. Ciertamente, Schwab es un fanático del globalismo y de lo que ello conlleva. No es raro, por tanto, que denote ese cariz de mandatario global, a favor de la toma de decisiones al margen de la voluntad popular. Hace pocos meses el WEF ha sacado a la luz un nuevo libro titulado 'The Great Narrative' –La gran narrativa–, escrito por Klaus Schwab y Thierry Malleret. Según este último, *«Este libro trata sobre ideas y cómo pueden fusionarse para formar una Gran Narrativa (...) y lo que es más importante, de cómo algunas de estas ideas pueden o deben abrirse camino en la política y la toma de decisiones. Van más allá del ámbito de la teoría y son un llamado a la acción»*. Queda claro que el Foro de Davos es algo más que una simple reunión donde se discute y se debate. Es un lugar, a modo de laboratorio, donde se experimenta y se toman decisiones que se dictarán a los gobiernos.

El Global Future Council –Consejo del Futuro Global–, es un departamento anexo al WEF que, a modo de red de conocimiento interdisciplinar, se dedica a promover el pensamiento innovador con la idea de formar un futuro más resistente, inclusivo y sostenible. Sólo mediante invitación se puede formar parte de este Consejo, y por no más de un año. Sus miembros participan e interaccionan virtualmente, y sus resultados son posteriormente elevados al Foro. Ahí se tratan, entre otros, temas relacionados con la educación, políticas de género, políticas migratorias, comportamiento humano, consumo, medicina y longevidad. Alguien puede pensar que ello puede ser positivo si aporta soluciones a los problemas del mundo y, visto así, no habría nada que objetar. Sin embargo, nace una pregunta: ¿quién paga todo esto? Y cuando uno intenta contestarla surgen muchas dudas. Siendo, como pregona, una organización sin ánimo de lucro que se financia con las aportaciones que realizan las empresas participantes, cuesta entender que estas no tengan ningún tipo de interés en las resoluciones. Resulta esclarecedor lo que, en 2017, opinaba este Consejo acerca de cómo veían el mundo en 2030. Resumo aquí tres de sus puntos. Uno. Fin de la propiedad. Para la parlamentaria danesa Ida Auken: *«No soy dueña de nada. No tengo auto. No soy dueña de una casa. No tengo electrodomésticos ni ropa (...) todos sus movimientos son rastreados y fuera de la ciudad viven franjas de descontentos»*. Dos. Adiós a la carne como alimento. El profesor de ecología de la población en la Universidad de Leeds, Reino Unido, Tim Benton, mantiene que *«trataremos la carne como un regalo en lugar de un alimento básico (...) serán alimentos precocinados rediseñados para que sean más saludables y menos dañinos para el medio ambiente»*. Tres. Rechazo y olvido de los valores tradicionales de occidente. Para Kenneth Roth, director ejecutivo de Human Rights Watch, *«los valores que construyeron Occidente habrán llegado a su punto de ruptura»*.

Como he mencionado, el poder del WEF es inmenso y, para entender hasta dónde llega, sólo hace falta ver lo que su presidente fundador dice. En una entrevista en la Harvard Kennedy School, el 20 de septiembre de 2017 (P.7), Schwab, tras describir lo que propone en su libro, 'La Cuarta Revolución Industrial', refiriéndose a la fusión de lo físico, digital y biológico, recordaba su conversación con Merkel a la que le dijo que *«todo lo que no está prohibido está permitido»*. Después añadiría: *«Soy muy optimista sobre el futuro del mundo (...) Estamos realmente orgullosos de la generación joven, como el primer ministro Trudeau (...) Hemos entrado en sus gobiernos (...) incluso más de la mitad de su gabinete son en realidad jóvenes líderes globales del Foro Económico Mundial»*. Para Schwab, la Cuarta Revolución Industrial significa que el mundo avanza hacia el globalismo. En sus palabras *«una verdadera civilización global»*, ya que disponemos de todo el potencial *«para robotizar a la humanidad y, por lo tanto, comprometer nuestras fuentes tradicionales de significado referidas a trabajo, comunidad, familia e identidad (...) que elevarán a la humanidad a una nueva conciencia colectiva y moral (...) El transhumanismo es parte de la transformación que viene con la Cuarta Revolución Industrial, ya que la inteligencia artificial superará incluso las mejores actuaciones humanas en tareas específicas. Las nuevas tecnologías no se detendrán y se tornarán parte del mundo físico que nos rodea, se convertirán en parte de nosotros».*

Similar a su homólogo estadounidense CFR, aunque con menor poder, se halla el británico Royal Institute International Affairs, Se fundó en 1919 en Londres, a iniciativa de los globalistas Lionel Curtis y Robert Cecil. La influencia de la entidad en el periodo entreguerras del pasado siglo fue muy importante. Así se jacta de ello en su página web, y reconoce como éxito la creación del 'Servicio de prensa e investigación extranjera' y su peso en la inteligencia británica. En 1929, el Instituto lleva a debate el patrón oro, en buena medida como consecuencia del crac americano del 1929. Un par de años más tarde, en 1931, Gran Bretaña abandonaría el patrón oro, destruyendo así el sistema de pagos internacional y asfixiando financieramente a la República de Weimar. Hay que tener en cuenta que la I Gran Guerra supuso un gran desgaste para la Europa occidental. El poder económico mundial marchaba a otros meridianos y Gran Bretaña dejaba de ser la gran potencia que surcaba los mares.

Actualmente, se ha reconvertido en un instituto de influencia política e ideológica con el nombre más amigable de Chatham House. Aunque algo más abierto que tiempo atrás, ya que los participantes pueden airear la información de lo debatido, sigue prohibiendo dar a conocer la identidad y afiliación de los oradores, colaboradores y partícipes. Sus conferencias y reuniones de nivel tienen como norte el globalismo, el cambio climático y, en buena medida, la ideología de género. Todo ello dentro de un orden mundial. Así, en uno de sus próximos eventos a celebrar en 2022 se puede leer: «*La pandemia de COVID-19 expuso fallas en el orden global (...) La invasión de Ucrania por parte de Rusia ahora amenaza con trastocar el orden global (...) la respuesta que tomemos determinará nuestra capacidad para abordar los desafíos sistémicos de nuestra época, sobre todo el cambio climático (...) la*

LOS MASONES SIGUEN ENTRE NOSOTROS

Conferencia evaluará el estado del orden global». La Chatham House está copresidida por tres presidentes: Eliza Manningham-Buller, quien fuera directora general del Servicio de Seguridad del Reino Unido –MI5– entre 2002 y 2007; Alistair Darling, que también forma parte de la junta directiva de la multinacional financiera Morgan Stanley's desde 2016, anteriormente ministro de Hacienda de 2007 a 2010 y parlamentario hasta 2015; Helen Clark, primera ministra de Nueva Zelanda entre 1999 y 2008, fiel defensora de las políticas globalistas y de acelerar la transición energética.

Hoy por hoy, se puede mantener que buena cantidad de los líderes políticos que gobiernan, lo son con la aquiescencia de alguna de estas organizaciones. Tales son los casos de Trudeau en Canadá, Macri en Argentina, Macron en Francia, Arder en Nueva Zelanda y Sánchez en España. En algunos casos, su llegada al poder se produce por la intervención directa, mediante apoyo económico, de estas organizaciones y en otros, con su beneplácito. En todo caso, queda claro a quien se deben. Y no es al pueblo, quien, al fin y al cabo, los aupó al poder. Cualquier persona medianamente informada llegará a la conclusión de que un alto porcentaje de las medidas que toman los gobiernos no formaban parte del programa electoral, y ni siquiera se han planteado a la ciudadanía como necesidad. Se toman al margen de una inicial voluntad general, que con el tiempo se modela a través de los grandes medios de comunicación. A todo lo anterior, que no es poco, no es descabellado añadir que estas organizaciones son la mano ejecutiva que actúa de parte. Dicho de otra forma, han sido creadas bajo el manto pudiente de las más grandes fortunas: v. gr.: Rothschild, Rockefeller, Morgan. Y convendría saber que buena parte de estas poderosas familias, si bien no declaran pertenecer a ninguna logia, no tienen pudor en mostrar su simpatía por la masonería. Así, por ejemplo, los Rothschild manifiestan en su página web (P.8) dedicada a su archivo: *«Los miembros de la familia Rothschild han estado involucrados con los masones, una organización fraternal cuyos miembros se preocupan por los valores morales y espirituales, la superación personal y ayudar a sus comunidades con esfuerzos caritativos».*

Otras organizaciones secretas, clubes, rituales, fundaciones y ONG

He comentado anteriormente que no todas las personas que pertenecen a la masonería lo manifiestan con claridad. Más bien al contrario, a pesar de que hoy día la masonería goza de respaldo legal en la casi totalidad de países, la gran mayoría esconde el hecho, incluso a su propia familia. No nos extrañe, por tanto, que personas de relieve, con distinta cualificación, incluida la política, nieguen su pertenencia a la Organización. Porque al margen de quienes están al frente de una Gran Logia o Gran Oriente, muchos de sus miembros, en particular los de alto grado, se mantienen en el anonimato. Lo anterior es en parte lógico, ya que hoy por hoy la vinculación a la masonería sigue sin estar bien vista por buena parte de la gente, en especial si los vinculados son personas con poder. Banqueros y políticos son apercibidos como responsables de los males que aquejan a este mundo. Sin embargo, algunos desconocen que junto a la masonería hay organismos secretos paralelos, con otro nombre, que son tanto o más perniciosos que la masonería regular. Se trata de organizaciones ajenas al rito, orden y grado de la masonería, pero que al igual que en esta, entre sus miembros se da cabida a personas con mucho poder.

Order Skull and Bones –Orden de la Calavera y de los Huesos–, o simplemente 'The Order', es una sociedad secreta fundada en 1832 por cinco estudiantes de la Universidad de Yale, sita en Estados Unidos. Aunque de cariz iluminista, no está adherida a ninguna logia. Mantiene su signo elitista y excluyente, y un número predeterminado de miembros que no supera los 600. Entre sus miembros más renombrados figuran los presidentes de E.E. U.U., William Howard Taft, George H. W. Bush y George W. Bush. Se han escrito todo tipo de fabulaciones sobre el carácter tenebroso y macabro de la Orden. Desde rituales satanistas, sacrificio de animales e invocaciones espiritistas. No voy a entrar en ello, ya que el secretismo es tal que cualquier cosa es posible por muy estrambótica que parezca. Simple y llanamente, me centraré en lo que la evidencia ha demostrado a lo largo de sus casi dos siglos de existencia: su poderío. Por la Orden han pasado algunas de las personas más poderosas e influyentes de Estados Unidos. Sin pretender ser exhaustivo: presidentes de la Nación, secretarios de Estado, gobernadores, banqueros, financieros, jueces, miembros de la CIA, hombres de negocios, editores, enseñantes y otros. Parece estar claro que una de las finalidades de esta organización secreta es promocionar a jóvenes talentos, los nuevos *Bonesmen*, para el desempeño orquestado de acciones. Cada uno de ellos, dentro de su campo de acción. En consonancia con los nuevos tiempos, 'The Order' flexibilizó las reglas de admisión, que limitaban el acceso de mujeres y personas de color, lo que de hecho ha fortalecido su radio de influencia.

Es cierto que este tipo de fraternidades, también llamados clubes, se dan en muchas de las universidades americanas. Sin embargo, lo que diferencia a la Orden de la Calavera y de los Huesos de las demás es su secretismo, su perduración en el tiempo y el elitismo de sus miembros, que siguen siéndolo de por vida. Para el historiador y economista Antony Sutton, la sociedad, como si de una aristocracia oculta se tratara, *«incluye una veintena de apellidos con el mayor pedigrí de las finanzas y la industria del este del país»*. Asimismo, para Alexandra Robbins, autora del libro 'Secrets of the Tomb', *«se trata, probablemente, de la red de élite más poderosa que tiene este país (...) una organización donde sus miembros pueden llamar a presidentes, jueces de la corte suprema y miembros del gabinete, y pedir trabajo, dinero y conexiones»*. A mediados de los años '80 del pasado siglo surgió una lista de miembros conocidos como 'patriarcas'. En ella aparecían los nombres de las familias más ricas, influyentes y poderosas, tales que Adams, Bundy, Lord, Whitney, Payne, Pillsbury, Rockefeller, Weyerhaeuser, Whitney, Bush. Junto a ellos, otros como Henry Luce, Harold Stanley, Averill Harriman, Frederick Smith y Dean Witter Jr.

LOS MASONES SIGUEN ENTRE NOSOTROS

Lo de la familia Bush, referido a los dos que llegaron a la presidencia de Estados Unidos, merece una mención especial. Sobre el primero, George H. W. Bush, decir que antes de llegar a presidente fue embajador ante la ONU, director de la CIA y vicepresidente con Reagan. A buen seguro que ello le proporcionó el conocimiento necesario sobre lo que se cuece entre cortinas. Pero lo más llamativo es que durante el mandato de ambos, padre e hijo, se libró una misma guerra. Hoy se puede aseverar que las dos guerras del golfo fueron producto de la exigencia de la industria armamentística. Ninguna de las dos solucionó los problemas que anunciaban, y hoy día la zona sigue tanto o más inestable que antes de las incursiones. No sería esta la primera vez que E.E. U.U. se lanzaba a una guerra con la excusa de liberar a un país extranjero de la tiranía. Históricamente, hay cantidad de ejemplos de sus ocupaciones. Respecto al segundo, tal vez el más torpe de toda la familia, a él debemos atribuirle la pérdida de libertades. Hoy no es una temeridad mantener tal aseveración; hay un antes y un después del 11-S. El después ha sido una constante y continua pérdida de las libertades individuales y colectivas en beneficio de una supuesta seguridad, que no es tal. Transcurridos más de 20 años del atentado de las Torres Gemelas, aún siguen sin respuesta muchas preguntas acerca de lo que realmente pasó (P.9), en particular sobre la autoría, que por otro lado no se corresponde con la versión oficial.

B'nai B'rith –traducido como Hijos de la Alianza–, o simplemente BB, es una organización secreta creada en 1843. Reunidos en un café de la zona de Wall Street, Henry Jones y once personas más decidieron fundar una nueva logia de carácter filantrópico, exclusivamente reservada a los ciudadanos de origen judío. La logia judía se encuentra cercana a la masonería. Hasta tal punto es así, que no son pocos los masones con grado de Gran Maestre o superior inscritos en logias europeas y americanas, y que a su vez pertenecen a la B'nai B'rith. Siendo así, no resulta abusivo hablar de la existencia de un movimiento judeo-masónico. Así las cosas, la influencia de los Hijos de la Alianza no se modula exclusivamente por el poder de la logia a la que pertenecen, sino que se amplía por medio de otros organismos en los que los masones tienen prevalencia.

Actualmente, la Gran Logia BB se halla presente en más de cincuenta países y cuenta con un número de miembros que supera el medio millón. Promociona la unidad y continuidad judía, y es una firme defensora del Estado de Israel. Mantiene representación, y por ende influencia, dentro de diversas agencias de la ONU, tanto en Nueva York, como dentro del Consejo de Derechos Humanos en Ginebra y en la UNESCO en París. A su vez, organiza y copatrocina conferencias periódicas en el Parlamento Europeo y en la Comisión. Dentro de la B'nai B'rith se mueven una amplia red de sociedades, entre las que cabe destacar: el AJC, acrónimo de American Jewish Committee –Comité Judío Estadounidense–, The American Jewish Congress, –Congreso Judío Estadounidense–, The Conference of Presidents of Major American Jewish Organizations –comúnmente conocida como Conferencia de Presidentes–, el influyente WJC –Congreso Judío Mundial– y el todo poderoso lobby AIPAC –Comité de Asuntos Públicos de Estados Unidos e Israel. Todo un conglomerado de entidades que le permite a la Gran Logia BB tener presencia en los estamentos más altos de poder, tanto norteamericanos como europeos. Y, a su vez, tanto en la esfera política como en la cultural y, como no, en el ámbito económico-financiero.

El Bohemian Club –Club Bohemio– se funda en 1872 por una serie de periodistas con la finalidad de promover la relación, a modo de fraternidad, entre los hombres dedicados a las artes. Al poco tiempo las reglas de admisión se relajaron, permitiendo la entrada de miembros sin relación alguna con el mundo artístico, a cambio de que dispusieran de amplios recursos financieros. Así, el control del Club quedó en manos de los más ricos y pudientes. Tal debió ser el cambio que, tras su visita en 1882, Oscar Wilde dijo: «*Nunca vi a tantos bohemios tan bien vestidos, bien alimentados y con aspecto de negocios en mi vida*». A comienzos de los años 30' del pasado siglo, en la medida que aumentaba el rango de sus miembros, el club se vuelve más restrictivo, reservado y sigiloso. Tanto, que la entrada de nuevos miembros se cercena a una minoría, que debe aportar una importante cantidad de dinero al ingresar.

Además de su sede central en la ciudad de San Francisco, el club posee una extensa propiedad arbolada, repleta de secuoyas, que utiliza a modo de campamento. Se halla en el norte de California, cercana a la pequeña localidad de Monte Rio, y es conocida como Bohemian Grove. Ahí se cita cada año, a mediados de julio, de forma ecléctica y privada, la élite política, empresarial y financiera de Estados Unidos, con la participación de algún que otro invitado extranjero. Aunque la relación de los miembros, no se conoce al completo, se sabe que entre ellos figuran diversos presidentes americanos, tales que Roosevelt, Eisenhower, Nixon, Reagan y los dos Bush, padre e hijo. Políticos influyentes como Kissinger, Weinberger, Cheney y Rumsfeld. Y banqueros y multimillonarios como Randolph, Morgan, Rockefeller y Greenspan.

La reunión que celebran los *bohemens* en la arboleda se mantiene bajo fuertes medidas de seguridad, que excluyen la visita de la prensa y de cualquier persona no autorizada. No obstante, han sido algunos los infiltrados que han documentado lo que allí sucede (P.10). La ceremonia inaugural llamada *Cremation of Care* tiene como integrantes, de una parte, a un sumo sacerdote asistido por una ristra de acólitos, ataviados todos con túnicas y capuchas, un altar y, tras él, un búho de piedra de unos quince metros de altura. De otra, frente a este escenario, los miembros e invitados que, sentados en bancos, observan con atención todo el ritual. Un ceremonial que conlleva el ofrecimiento de un objeto, supuestamente humano, a la divinidad cananea Moloch, en la figura del búho. Mientras tiene lugar el supuesto sacrificio, el sumo sacerdote dirige al búho este tipo de alocución: «*¡Oh, Búho! Príncipe de toda la sabiduría humana. Búho de Bohemia, te suplicamos que nos des tu consejo (...) ¡Oh! Gran Búho, te adoramos, concédenos tu consejo*».

Al margen del carácter macabro, idólatra y druídico de la ceremonia, y si se quiere extravagante, lo cierto es que todo ello marca el espacio mental de los participantes. Por cierto, unos poderosos partícipes que, creyéndose ser los pilares de la grandeza de Norteamérica, manejan a su antojo los hilos de este mundo.

Rituales similares al del Club Bohemio abundan, y no son exclusivos de siniestros clubes u obscuras organizaciones. Concretamente, en junio de 2015, en el corazón de Europa se llevó a cabo la inauguración del túnel ferroviario más largo del mundo –San Gotardo. La finalización de la magna obra suponía unir de forma rápida la parte norte de Italia con el centro de Europa, salvando así el escollo que representa la cordillera alpina. Al acto acudieron altas personalidades de Francia, Italia, Alemania, Austria y Suiza. Junto a ellos, los representantes de las tres religiones monoteístas, a los que se sumó el que lo hacía en nombre de los ateos. Por la parte católica lo hizo el benedictino Martin Werlen, que tenía la aprobación del Vaticano. Así se deduce de lo leído en la página oficial de Radio Vaticana: «*Se tratará de una función religiosa sobria en la que también han sido invitados los grupos que carecen de pertenencia religiosa, y que representan un cuarto de la población helvética*». Pues bien, la celebración de inauguración del túnel se convirtió en todo un ceremonial maléfico e insolente, de claro cariz satánico (P.11), con ofrenda incluida a Baphomet, representado en la figura del hombre-cabra. Todo ello ante unos espectadores impasibles. Cuesta creer que el francés Holand, la alemana Merckel o el italiano Renzi, no estuvieran al corriente de lo que iban a presenciar. Tampoco resulta verosímil que su Santidad desconociera la profundidad del acto. Ante lo presenciado, todos callaron, nadie tuvo el coraje de levantar la voz. Y eso les convierte, cuando menos, en cómplices de aquel aquelarre.

A partir de los años '60 del pasado siglo, las organizaciones no gubernamentales –conocidas como ONG– se han ido consolidando en los países occidentales. Hoy son cientos de miles –algunas fuentes apuntan a más de ocho millones– las entidades de este tipo con cierto peso a nivel mundial. Las hay de todo tipo. Desde las más complejas, con apoyo de la ONU, hasta las más sencillas que sólo se valen de sus propios medios. Desde las que afrontan con honradez la finalidad para la que se crearon, hasta aquellas otras que, aprovechándose de la buena voluntad de las gentes, sirven como negocio a sus promotores. Junto a este tipo de organizaciones coexisten otras, a modo de fundaciones filantrópicas, conducidas por personas de calado, multimillonarias todas, y de las que suelen depender algunas ONG.

Unas de las fundaciones más siniestras es The Open Society Foundationes – OSF–, patrocinada por el magnate George Soros. Un sombrío individuo de origen húngaro, con nacionalidad estadounidense, que por un lado saca partido en las crisis económicas y por otro multiplica su patrimonio en la medida que hace donaciones. Su primer gran golpe fue la apuesta a corto –posicionarse en corto implica obtener beneficio cuando el valor del activo cae–, en 1992, por la caída de la libra esterlina. Pues bien, la crisis monetaria de aquel miércoles negro del 16 de septiembre en el Reino Unido le procuró la nada despreciable cantidad de mil millones de dólares de ganancia. De idéntica manera, Soros participó en la crisis financiera asiática de 1997. A raíz de esto último, el Premio Nobel de Economía, Paul Krugman, criticaría la labor del especulador: *«No se puede ignorar que hoy día hay inversores que no solo mueven dinero anticipándose a una crisis monetaria, sino que realmente hacen todo lo posible para desencadenar esa crisis por diversión y ganancias».*

Soros ocupa el número 288 en el ranking de la revista Forbes perteneciente al año 2021, con un patrimonio personal neto cercano a los 9.000 millones de dólares, si bien los datos que ofrecen este tipo de publicaciones no merecen excesiva credibilidad, ya que las grandes fortunas suelen diluirse en multitud de conglomerados difíciles de rastrear. Tampoco resulta creíble que los 18.000 millones de dólares donados en 2018 a su fundación hayan dejado de estar bajo su batuta, por mucho que para la mencionada revista se trate del *donante más generoso*. En cualquier caso, bajo esa gran generosidad y esa singularidad especuladora se halla un poderoso *outsider* de mentalidad globalista, ideas progresistas, naturaleza transhumanista y declarado panteísta. Un ateo con alta capacidad para proteger o derrocar gobiernos, alterar fronteras, neutralizar identidades nacionales, modificar costumbres, introducir nuevos hábitos en la relación hombre-mujer y avalar la muerte como derecho humano. Dicho lo anterior, dado que no es materia de este trabajo, ni intención mía profundizar en la biografía de este hombre, lo dejo ahí. El lector interesado dispone en Internet de múltiple y variada información acerca de él.

Vuelvo al meollo del asunto. Tal como he indicado, la Open Society Foundationes es una fundación gobernada por Soros. Engloba a una serie de organizaciones de carácter no gubernamental, todas ellas con finalidades muy oscuras. Su radio de acción llega a más de 120 países, y por mucho que su página web advierta de que sus programas construyen democracias inclusivas y vibrantes, lo cierto es que la realidad dista mucho de ello. Más bien al contrario. Clara muestra de ello es el patrocinio que han tenido, a través de la Open Society Foundations, todas las revoluciones de color surgidas en la Europa exsoviética y parte de Oriente. Como ejemplos: la Revolución rosa de Georgia, la Revolución amarilla de Filipinas, la Revolución azafrán de Myanmar y la Revolución naranja de Ucrania. Esta última, la de un país que ahora se haya envuelto en una guerra. Conviene recordar que desde la International Renaissance Foundation de Ucrania, creada exprofeso por Soros, se apoyó el golpe de Estado de 2014 que provocaría el derrocamiento del Viktor Yanukovich. A raíz de ello se produjo una fobia a todo lo ruso, especialmente en las regiones más al este del país, y que provocaría en las regiones del sureste la muerte de más de 14.000 personas en los últimos siete años. Tras la caída de mandatario Yanukovich, Soros manifestó: «*Creé una fundación en Ucrania antes de que se independizara de Rusia. La fundación ha estado funcionando desde entonces y ha jugado un papel importante en los acontecimientos actuales»*. Tal debió ser el empeño del multimillonario, que desde su creación a principios de la última década del pasado siglo hasta 2010, la International Renaissance Foundation aportaría más de 100 millones de dólares a ONG y otros estamentos públicos ucranianos.

También en España tenemos buen ejemplo de las maniobras soristas. Así fue la ayuda proporcionada al separatismo catalán, y que culminó con la ilusoria y burda declaración de independencia en 2017. Para José Antonio de Castro, autor junto a Aurora Ferrer del libro 'Soros: rompiendo España', la intromisión de Soros en lo de Cataluña comienza en 2012 (P.12), año en que tanto la 'Open Society Initiative for Europe' –OSIFE– como el 'Barcelona Center for International Affairs', ambos financiados por Soros, se instalan en la Ciudad Condal. Tampoco resulta baladí la intromisión en asuntos internos de los países, como si de un partido político se tratara. A modo de ejemplos, ahí van tres. Uno, el escrito con fecha 12 de febrero de 2014 en que se indicaba *«Las cinco cosas que Italia debe hacer para limpiar su historial de derechos humanos»*, entre ellas *«Poner al día las políticas de igualdad de género y LGBT»* (P.13). Dos, el fuerte ataque a la soberanía húngara culpabilizando a sus mandatarios por no estar dispuestos a acoger refugiados en la crisis migratoria de 2015. Tres, el 22 de septiembre de 2021, poco antes de las pasadas elecciones generales en Alemania, el programa de la Sociedad Abierta para Europa publicaba, en alusión a estas, un artículo con el preocupante titular *«Las elecciones por sí solas no son suficientes»*. La defensa que la nota hace respecto al sistema asambleario no tiene desperdicio (P.14), y se asemeja en mucho al discurso con el que Podemos entró en la vida política española. Pues sí, la OSIFE representa un peligro para la integridad y soberanía de las naciones. No sólo como medio creador de opinión, sino también como instigador de hechos. Su proceder tiene la maldad de procurar el problema al que luego dará solución. Y, lo peor: lo hace de forma ajena a la voluntad de la mayoría, insuflando millones de dólares en los organismos pertinentes. Retornando al caso de España, conviene tener presente que la primera persona que recibió Sánchez nada más llegar al poder fue a Soros. Nadie fuera del estrecho núcleo del Presidente sabe con certeza de lo que hablaron, pero a buen seguro que tanto la ideología de género, como la inmigración y el cambio climático formaban parte del guion impuesto por Soros.

La filtración en 2016 de unos documentos pertenecientes a la OSF puso a Soros en el punto de mira. Según la información revelada, la Open Society financió en 2014 a cerca de cien organizaciones, de carácter privado y público. Entre ellas cabe destacar: 'Media Diversity Institute', 'Migration Policy Group', 'Migrants Rights Network', 'Migrant Voice', 'European Network Against Racism', 'SOS Racisme Catalunya', 'Transparency International' –presente a su vez en más de cien países–, 'European Women's Lobby', 'Hungarian LGBT Alliance', 'Daniel Sachs Foundation', 'Public Diplomacy Council of Catalonia' –conocido también como DIPLOCAT, y que sirvió de ariete y propaganda en la pretendida secesión catalana de 2017. Por lo general, todo este tipo de instituciones tienen que ver con la inmigración, la ideología de género, el feminismo radical y el sector LGTB, sin olvidar el carácter global que encierran todas ellas. En la práctica se trata de estructuras que, a modo de lobbies, influyen en las políticas de los Estados y otros estamentos supranacionales.

Otra de esas sombrías organizaciones es la Fundación Bill y Melinda Gates, propiedad del multimillonario Bill Gates –cofundador de Microsoft– y de su esposa. Se trata de la fundación privada más grande del mundo, y buena parte de su actuación se centra en el medio sanitario y de la salud. De hecho, la fundación es hoy día la primera donante de la OMS –Organización Mundial de la Salud–, aunque sus subvenciones abarcan campos tan diversos como la alimentación, la infancia y la planificación familiar. Pero es en el apartado de las vacunas donde la Gates Foundation centra la atención. En 2015 firma un convenio de colaboración con Naciones Unidas, y así pone el foco en la Agenda de Desarrollo Sostenible 2030. A partir de ese mismo año, como si de una carrera se tratara, la Fundación fue multiplicando la financiación en la investigación de nuevos tipos de vacunación. Tal es así, que en 2018 potenció los ensayos del modelo ARN mensajero –ARNm. Posteriormente, en 2020, aportó un total de 1.750 millones de dólares para acelerar el desarrollo de vacunas para el Covid-19.

Que nadie dude que este tipo de vacuna se trabajaba con anterioridad al inicio de la pandemia. En enero de 2016, la Fundación firma un acuerdo con la biotecnológica Moderna para avanzar en proyectos de desarrollo basados en ARNm. Por otro lado, el 24 de marzo de 2020, al poco de darse los primeros casos, la Agencia EFE publicaba una entrevista (P.15) con un investigador español, de nombre Juan Andrés, encargado de supervisar el proceso de fabricación de la vacuna experimental ARNm por parte de Moderna Terapeutics. El entrevistado declara que disponían de la secuencia genética del virus el día 13 de enero, o sea dos meses antes de la irrupción pandémica. Con todo, la relación de la fundación con la biotecnología no se limita a Moderna, también Pfizer viene recibiendo sustanciosas subvenciones desde 2014. Y, como bien sabe el lector, ambos laboratorios han sido los grandes beneficiarios del Covid-19. Por cierto, a estas alturas sorprende que aún no se conozca con certeza lo sucedido en el laboratorio del Instituto de Virología de Wuhan. Cuesta entender que algo que ha causado tanto daño, en vidas humanas y en coste económico, no se haya investigado hasta las últimas consecuencias, dando pie a todo tipo de teorías más o menos creíbles. Aun así, lo que parece meridianamente claro es que el SARS-CoV-2 fue fruto de los trabajos biológicos realizados en el mencionado laboratorio.

Ni que decir tiene que el auténtico motor de la Fundación es Bill Gates. Es él quien gobierna los destinos de la Organización y marca las pautas a seguir. Digo esto por lo que supone la compra, sea a través de la entidad jurídica Cascade Investment o a título personal, de miles de acres en Estados Unidos. Según publicó la revista norteamericana

The Land Report el 11 de enero de 2021, Bill y Melinda Gates son propietarios de más de 100.000 hectáreas de cultivo, diseminadas a lo largo y ancho de 19 Estados (P.16). Ello convierte a Gates en el mayor propietario de tierras agrícolas de Estados Unidos, y no lo hace con afán meramente especulador, sino como terrateniente. Gates es hoy todo un latifundista, obsesionado en sembrar de herbaje sus propiedades y luego utilizar el forraje para alimentar a la humanidad en forma de carne vegetal. Pues sí, el interés de Gates por la carne sintética viene de lejos. En su blog de notas –gatesnotes.com–, el multimillonario escribía esto el 12 de marzo de 2013: «*La carne ciertamente tenía el aspecto y el olor del pollo. (...) tenía el sabor y la textura del pollo real (...) pero me sorprendió saber que no había ni una pizca de pollo de verdad (...) estaba hecha enteramente de plantas*». De hecho, en 2017 Gates invirtió en un largo número de empresas relacionadas con la nutrición y la agricultura. Entre ellas, la pujante 'Impossible Foods' a cuyo frente se haya el bioquímico Patrick O Brown, 'Beyond Meat', 'Upside Foods', la creadora de huevos artificiales 'Eat Just', la productora de fertilizantes 'Pivot Bio', el fabricante de equipos agrícolas 'John Deere' o las biotecnológicas de cultivos AgBiome y 'Enko Chem'. También resulta relevante la participación que Gates posee en la multinacional Bayer que, a raíz de la compra de Monsanto en 2016, dispone de una división dedicada a la investigación y mejoramiento de semillas, pesticidas, abonos e ingeniería genética.

A todo ello, una de las razones que esgrime Gates es la lucha contra el cambio climático. Así lo declara en su blog personal, cuando afirma que «*todos los países ricos deberían pasar a la carne 100% vegetal para mitigar el cambio climático*». De lo anterior, resulta llamativo que, a un individuo tan preocupado por eso del clima, le importe un rábano la influencia negativa que pueda acarrear la modificación genética de los alimentos en la salud de las personas. Como tampoco las consecuencias económicas que ello tenga para el sector agropecuario tradicional, la pérdida de biodiversidad o los efectos perniciosos respecto a la fauna silvestre, y ni que decir de las implicaciones éticas. A un amante de lo natural y de la naturaleza debería resultarle incongruente lo artificial. Sin embargo, Gates está por encima, apuesta por esto último y pretende imponerlo. Lo cierto es que de unos años a acá ha aumentado el número de sectores de la sociedad, incluso de gobiernos, que vienen haciendo campañas en detrimento del consumo de carne. Se practica el acecho a granjeros y ganaderos, acusándoles de maltrato animal. Se maldice el consumo de carne y se bendice el veganismo. Dentro de poco, veremos campañas publicitarias, series de televisión y tertulianos sabelotodo hablándonos de las bondades del consumo de eso que llaman carne vegetal. No hará falta preguntarse quién está detrás.

Ciertamente, todo parece indicar que Bill Gates es ese tipo de persona maléfica para la sociedad. Para el juez Thomas Penfield Jackson, encargado de presidir el caso de fraude antimonopolio Estados Unidos contra Microsoft, Gates *«tiene un concepto napoleónico de sí mismo y de su empresa, una arrogancia que se deriva del poder y el éxito absoluto, sin experiencia dura, sin reveses»*. Por su parte, en 2021, Robert F. Kennedy, Jr. escribía acerca de Gates en Children's Health Defense: *«El confinamiento global que Bill Gates ayudó a perpetrar ha quebrado, sólo en Estados Unidos, más de 100.000 negocios, y ha sumido en la pobreza a mil millones de personas en el mundo (...) eso al mismo tiempo que la riqueza de Gates aumentaba unos 20 mil millones de dólares. Su fortuna de 133 mil millones de dólares lo hace el cuarto hombre más rico del mundo (...) ha usado ese nuevo dinero para expandir su poder sobre la población global (...) comprado activos devaluados a precios de liquidación (...) maniobrado para conseguir el control monopólico de la salud pública (...) Para un hombre obsesionado con ese control monopólico, la oportunidad para dominar la producción de alimentos debe ser irresistible»*.

El poder oscuro y secreto del dinero

Hay una máxima que viene a decir algo así: *Detrás de que quien crees que reina, hay alguien que realmente ordena y manda*. Hoy este antiguo aforismo sigue vigente, no ha pasado de moda. Sobresalir, estar por encima de otros, es algo innato a la condición humana, va con el ego de la mayoría. Sin embargo, la historia nos refleja que muy pocos han tenido la capacidad de mando y escasos han sido los que la asumieron. Por tanto, no debería extrañarnos que tras quien parece ostentar el poder se esconda quien realmente lo ejerce. De hecho, ya le va bien al auténtico poder hacerlo entre bambalinas. El poder real vive del secretismo, porque esto es lo que le hace más fuerte.

Caído el Antiguo Régimen, el poderío económico va tomando cuerpo y, con el tiempo, se convertirá en un verdadero poder en la sombra. Los depositarios y, a la vez, prestadores del dinero, junto con los nuevos empresarios que procura la Revolución Industrial, serán quienes en el fondo 'ordenarán y mandarán'. De ahí los nombres de Rothschild, Rockefeller, Morgan, Ford, cuya influencia en la política fue y sigue siendo inmensa. Hay una frase atribuida al fundador de la dinastía Rothschild, Mayer Amschel Bauer Rothschild, que dice: *«Dadme el control del suministro de dinero de una nación y no me importará quién haga sus leyes»*. La expresión es contundente y realista, ya que en la práctica las leyes carecen de relevancia frente a quien controla el flujo de dinero. Al menos, eso debían pensar quienes en 1913 crearon la Junta de la Reserva Federal en Estados Unidos –Federal Reserve System, o simplemente FED.

El embrión de la FED nace en 1907, a propuesta de John Pierpoint Morgan, fruto de la crisis financiera que asoló todo el país. La caída de más del 50% de la bolsa neoyorquina, respecto al año anterior, hizo que la banca entrara en pánico al ver como muchos bancos locales, sociedades fiduciarias y empresas de corretaje quebraban. Ahí nace la idea de crear una entidad federal que, a modo de banco central, garantice una política monetaria y actúe como vigilante. El senador republicano, y también masón, Nelson Wilmarth Aldrich sería la mano política que promocionaría la idea de Morgan. En 1910, Aldrich, familiarmente unido a John Rockefeller, invitó a los dirigentes de los cinco mayores bancos de E.E. U.U. a una reunión secreta en la Isla de Jekyll, estado de Georgia. Ahí, junto a Aldrich, se vieron los representantes de la banca, Henry P. Davison, Benjamin Strong, Paul Warburg, Frank Vanderlip y Charles Norton, y el secretario del Tesoro, Abram Piatt Andrew. Y fue allí donde se acordó la creación de un gran banco central, controlado por los bancos privados. Ya en 1913, el Congreso decidió la creación de la Reserva Federal, tomando como borrador las disposiciones de la Isla de Jekyll. A los pocos meses, concretamente el 23 de diciembre, se aprobaría la Ley de la Reserva Federal. El cargo de Gobernador de la nueva entidad recaería en Benjamín Strong, por otro lado, antiguo y fiel colaborador de Morgan.

Ciertamente, Estados Unidos, a diferencia de la mayoría de países europeos, no disponía de un banco central que actuara como ejecutor de la política monetaria y garante financiero. Pero, asimismo, es cierto que, a diferencia de la mayoría de bancos centrales europeos, la FED nacía como una entidad autónoma e independiente de directrices ejecutivas o legislativas. Porque si bien la FED la componían gobernadores y banqueros, son estos últimos quienes marcarán la política monetaria. De hecho, el poder de los grandes banqueros se consolidaría con la nueva Ley de Banca de 1935, al fortalecerse el poder general del Sistema de la Reserva Federal. A partir de entonces serán los miembros de la FED, cada vez más alejados e independientes del gobierno federal, quienes nombrarán a su presidente. Las palabras que el congresista Charles August Lindbergh había formulado una vez aprobada la Ley de la Reserva Federal se hacían proféticas. Él fue quien calificó a este evento como *el crimen más grande de la historia*. Tal vez las palabras de Lindbergh puedan parecer excesivas. Pero, más allá del exceso, siendo el dinero quien históricamente ha puesto y quitado reyes, no resultaba lógico dejar en manos de quienes comercian con él todo el conjunto de medidas encargadas del flujo de capitales, de la estabilidad monetaria y, en el fondo, del valor del dinero en un país.

Sin entrar en teorías conspirativas, hay hechos que conviene tener presentes. Tanto la creación de la FED como la Ley de Banca nacen como respuesta a una crisis financiera. La primera, a raíz del pánico bancario de 1907, y la segunda, tras el crac de 1929, que se extendería hasta 1933. En el primer caso sería un banquero, Morgan, quien saldría al rescate. En el segundo la FED, integrada en gran medida por hombres de la banca. El 24 de noviembre de 1928 tomaba posesión de la presidencia George L. Harrison, en sustitución de Strong. El nuevo presidente, miembro a su vez de la sociedad secreta Skull and Bones, no era ajeno a la Reserva Federal, ya que había desempeñado funciones como consejero general. En 1922, la Reserva Federal, de la mano de Strong, acomete por primera vez la compra de deuda en el mercado abierto, lo que ocasiona un repunte de la Bolsa neoyorquina. Nuevamente, en 1927, la FED volvería a inyectar dinero en bolsa, a la vez que aliviaba, mediante un préstamo, la situación por la que atravesaba el Banco de Inglaterra. Estas medidas provocaron una caída de los tipos de interés, a la par que se duplicaba el volumen de operaciones en el mercado abierto de Wall Street. Así, se conforma una euforia febril que en un bienio multiplicaría por más de dos el índice Dow Jones. Más tarde, en octubre de 1929, todo estallaría, provocando la recesión más brutal del siglo XX. Visto con la perspectiva que da el tiempo, pocos dudan de cuáles fueron las causas y son muchos los que ven a la FED como culpable de lo sucedido. Las cosas casi nunca ocurren porque sí, y una vez suceden es importante preguntarse: ¿quién es el beneficiado? Tras cuatro años de depresión las aguas volvieron a su cauce. Un cauce por el que las antiguas grandes fortunas navegaban a sus anchas. Y como siempre ocurre, quien más tuvo más se enriqueció.

La existencia del patrón oro permitía fijar el valor de unidad monetaria de un país. Dicho de otra forma, limitaba el exceso de moneda en circulación en un país. Este sistema monetario, establecido en el siglo XIX, se finiquitó después de finalizada la I Gran Guerra. Los países, endeudados por los gastos de guerra, decidieron imprimir dinero sin el aval del oro. Es el inicio del dinero fiduciario, o lo que es igual, dinero basado en la confianza. Se abría el grifo al endeudamiento del Estado que, como devorador de recursos, gasta más dinero del que necesita. En principio será el dólar el que se tomará como patrón, esto es, la divisa internacional de cambio. A partir de ahí, la FED se convertía de facto en una entidad supranacional que dictaba la política monetaria en el mundo. Recordemos que la FED se crea en 1913, antes de la I Guerra Mundial y de la decisión de suprimir el patrón oro. Nadie puede probar que la correlación de hechos es producto de mentes instigadoras, como tampoco nadie podrá aseverar lo contrario. Lo que sí se puede confirmar es que aquellas familias –Rothschild, Rockefeller, Morgan– que financieramente dominaban el mundo, siguen hoy día instaladas en la cúspide de la pirámide.

El FMI, Fondo Monetario Internacional –IMF por sus siglas en inglés–, es otro de esos organismos oscuros, sin apenas transparencia. Fundado en 1944, tiene como tarea promover la estabilidad financiera, la cooperación monetaria internacional y contribuir a reducir la pobreza en el mundo entero. Eso, al menos, es lo que manifiesta en su página web. También supervisa y presta ayuda financiera. Sobre el papel, el funcionamiento del FMI es simple. Uno de sus Estados miembros, en incapacidad de hacer frente a sus pagos, convoca y solicita ayuda. Analizado el caso, el Fondo extenderá el préstamo a cambio de que el país solicitante acometa las reformas que el FMI le impone. Así de simple, pero a la vez así de sombrío, ya que las exigencias del Fondo no se limitan a asuntos exclusivamente económicos, sino que incluyen otros de calado político e ideológico que no transcienden a la opinión pública. El peso de voto que ejerce Norteamérica –Estados Unidos y Canadá– y los países de Europa occidental –U.E. y Gran Bretaña– ronda el 50%. Así las cosas, no es de extrañar que el entramado interno de FMI se mueva conforme a los intereses del bloque mayoritario. El caso de Argentina, que desde hace décadas viene solicitando préstamo tras préstamo, es el más paradigmático de la ineficacia del FMI respecto a la economía. Algo, por otro lado, que contrasta, y mucho, con la eficiencia y empuje con que la ideología de género ha germinado a lo largo y ancho del país de La Pampa. Pasados más de 75 años desde su fundación, el FMI ha mostrado su inoperancia. Los países ricos lo son más, y los pobres también. Los países endeudados lo son por más tiempo y poco o nada pintan sus mandatarios. Así parecía tenerlo claro el Comité Asesor del Congreso de los Estados Unidos en la Comisión Meltzer, cuando en 2000 decía: «*Los gobiernos del G7, en particular el de Estados Unidos, utilizan el FMI como vehículo para lograr sus fines políticos (...) no se han encontrado vínculos entre los préstamos del FMI y el aumento de la riqueza (...) Los rescates asistidos por el FMI han tenido efectos especialmente dañinos y severos en los países en desarrollo (...) los que han trabajado duro para salir de la pobreza han visto cómo se destruyen sus logros*».

El 1 de julio de 1944, los delegados de 44 países aliados se reunían en el Hotel Mount Washington, sito en la localidad estadounidense de Bretton Woods. Su misión: buscar una fórmula para regular el sistema financiero tras la II Guerra Mundial. De la reunión salieron las líneas maestras que facultaron la creación del FMI y del Banco Internacional de Reconstrucción y Fomento, integrado posteriormente dentro del Grupo Banco Mundial. No obstante, el camino no fue de rosas. Un escollo estuvo a punto de echar por tierra aquella negociación. En 1930 se había creado el Banco de Pagos Internacionales –BIS, siglas en ingles de Bank for International Settlements–, cuyo principal cometido era allanar y fiscalizar los pagos que Alemania debía hacer, fruto del Tratado de Versalles. Pues bien, la presencia del alemán Hjalmar Schacht, impulsor junto al inglés Montagu Norman de aquel nuevo banco, pareció no gustar al delegado noruego. Este acusó al BIS de tener las manos manchadas de sangre, y exigió su disolución. Al final la petición noruega no prosperó, si bien ello llevaría a especular sobre el papel que Estados Unidos desempeñó en aquel BIS, y que algunos han elevado al rango de conspiración, al apoyar la versión que sostiene que los norteamericanos insuflaron apoyo económico a la industria alemana. Sin querer ser exhaustivo, el BIS, contrariamente a lo que fue concebido, sirvió para hacer llegar capital estadounidense y británico a las arcas alemanas. A través de las más importantes compañías como Ford, General Motors, General Electric, Standard Oil, ITT y otras, Alemania recibiría una muy suculenta inyección de capital. Claro está, eso no se hacía en balde. En unos casos, una parte muy importante del accionariado pasaba a manos americanas, en otros, sería la misma empresa americana dueña y señora de todo el beneficio. Cito algunas. General Motors, que compró Opel, controlaba el 40% de la industria automovilística alemana, en la misma proporción que ITT lo hacía con la red de telefonía. Al tiempo, Henry Ford, admirador de Hitler al igual que este lo era de aquel, montaba una planta en Colonia. Así, al poco de llegar Hitler al poder, el capital estadounidense controlaba los sectores más importantes de la industria alemana, a la par que dos de los grandes bancos: Deutsche Bank y Dresdner Bank. Tal como escribe el economista francés Charles Betthelheim, en su libro 'La economía alemana bajo el nazismo', los beneficios de la filial alemana de Ford, que en 1933 eran de 400.000 marcos, superarían los 21 millones en 1939.

El BIS continúa hoy día dando cobertura a 63 bancos centrales de todo el mundo, incluido el Banco Central Europeo –BCE–, pero a su vez al Banco de España y demás bancos de los países de la Unión Europea. Según se indica en la web del BIS, su misión es «*apoyar la búsqueda de la estabilidad monetaria y financiera de los bancos centrales a través de la cooperación internacional, y actuar como un banco para los bancos centrales*». Lo anterior no parece encajar con las directrices de la Unión Europea, ya que la política monetaria la ejerce el BCE. En consecuencia, parece fuera de lógica la inclusión de los bancos centrales de países que han delegado la soberanía monetaria a un estamento supranacional. Lo anterior nos da una idea del enjambre que supone todo el conglomerado financiero, el coste que representa para las arcas de cada Estado y la nulidad de acción que ocasiona toda la carga burocrática que envuelve la gestión. Tras más de noventa años de funcionamiento, lo único cierto es que el BIS ha contribuido a liberalizar la masa monetaria y a aumentar la deuda, ambas desbocadas, lo que conduce a los países menos pudientes a caer en manos de otros organismos, como el FMI.

El Grupo Banco Mundial integra a cinco instituciones, el BIRF –Banco Internacional de Reconstrucción y Fomento–, la AIF –Asociación Internacional de Fomento–, la IFC –Corporación Financiera Internacional–, el MIGA –Organismo Multilateral de Garantía de Inversiones– y el CIADI –Centro Internacional de Arreglo de Diferencias Relativas a Inversiones. Todo un compuesto de entidades que complica la transparencia de sus acciones. En el fondo, otro organismo tan oscuro como el FMI. Al igual que este, por mucho que publicite que es *«una de las fuentes más importantes de financiamiento y conocimiento para los países en desarrollo»*, y saque a relucir su empeño en *«reducir la pobreza, aumentar la prosperidad compartida y promover el desarrollo sostenible»*, la realidad es que tras casi ochenta años en funcionamiento sus logros están por ver. Un claro ejemplo de la inutilidad, mejor dicho, perversidad de este organismo es el dato que sigue. Remontémonos a 1980. En esas fechas, el Banco Mundial situaba la deuda externa de los países en desarrollo en 580.000 millones de dólares. Pues bien, según la entidad, a finales de 2002, esa deuda se multiplicaba por cuatro, llegando a 2,4 billones de dólares. Y si la llevamos a finales de 2019, esa misma deuda rondaba los 8,1 billones de dólares. Una deuda inasumible que, en la práctica, convierte a estos países en esclavos de sus acreedores, por otro lado, cada vez más pudientes y poderosos.

Ciertamente, analizado tras el paso del tiempo, se observa que todas estas organizaciones financieras mantienen la estela inicial; tal cual propugnaron quienes las patrocinaron. Se crearon con la finalidad de dar carpetazo al patrón oro y liberalizar la masa monetaria, y eso fue lo que hicieron. Al paso que se destierra el ahorro, se fusila la propiedad. Así, se crea una nueva clase que vive en perpetua deuda, y se limita la prosperidad del deudor y la de sus descendientes. Lo que abona una vuelta a la esclavitud, a una nueva esclavitud. Una servidumbre sin cadenas, que limita la libertad del individuo sometiéndolo a mero súbdito del prócer.

Tampoco quedan al margen del oscurantismo las grandes gestoras de activos o, si se prefiere, los fondos de inversión colectiva –FIC. Aunque en teoría mueven capitales privados, en la práctica gran cantidad de esos capitales derivan de sociedades interpuestas, incluidas las paraestatales, donde se pierde la procedencia a título individual. Por otra parte, un importante segmento del accionariado de la banca de relieve está en manos de estos grandes fondos de inversión. Eso, a la par que los bancos sirven como cauce del ahorro de significativos impositores hacia estos mismos fondos. A poco que uno escarbe se encuentra que la Gestora del Fondo de Inversión X, es a su vez accionista del Banco Z, el cual dispone, asimismo, de su propia gestora de fondos de inversión. Es el caso del BBVA –también Santander, Sabadell y Caixabank–, que tiene como accionista mayor a BlackRock, el gigante de inversiones a nivel mundial. Todo un galimatías de callejones que acaba en un laberinto financiero, y que imposibilita un adecuado rastreo de titularidades; conocer quienes, por control, ostentan el poder. Aunque de conseguirlo, probablemente, comprobaríamos que son los mismos de siempre.

Ciertamente, desde hace unos años, en concreto la última década, una buena parte de la economía real se ha trasladado a manos de una compleja e interconectada red de gestoras de activos y fondos de inversión. Atrás quedó como tal la banca, que no los banqueros. Los grandes fondos se han convertido en los nuevos amos de este mundo. Según informaba la principal publicación europea para inversores, IPE

–International Publishers Limited–, en junio de 2021 (P.17), las gestoras de inversión supervisaron en 2020, a nivel mundial, 90,7 billones de euros en activos. De esa cifra, casi 30 billones de euros corresponden a las 10 principales gestoras, lo que viene a representar un tercio del total. Y apurando las cifras, más de una quinta parte, 20,9 billones, está en manos de las cinco primeras. Para hacernos una idea de la magnitud y poder de estos fondos, pensemos que el PIB de Estados Unidos en 2020 fue de 18,3 billones de euros.

BlackRock, Vanguard, Fidelity, State Street, y Capital Group son los nombres de las cinco gestoras más grandes. Tienen como misión la captación de capital, privado o público, y no les importa la procedencia. Su meta se basa en el principio de comprar barato y vender caro. Poseen patente de corso en sus inversiones, sin apenas límites ni controles. Actúan al margen de las directrices de los Bancos centrales y demás normas bancarias. Se sitúan por encima de los Estados, dado su poder de presión y coacción. Suelen operar desde paraísos fiscales, lo que les permite garantizar el anonimato de los inversores, y al margen de la supervisión de estamentos públicos. Cualquier sector es válido si proporciona beneficios. Desde el inmobiliario hasta los medios de comunicación. Desde la salud hasta el turismo. Pongamos un ejemplo. Las tres principales gestoras de inversión controlan el 20,16% de Pfizer y el 21,23% de Johnson&Johnson; por su parte, Moderna es controlada por las cinco en un 29,9%; y la gestora número uno del ranking, BlackRock, posee el 7,69% del accionariado de AstraZeneca –datos de 2020. Visto lo anterior, no es de extrañar que estos fondos hayan hecho su agosto gracias a las vacunas contra el Covid-19.

Detrás de todas estas compañías hay personas al frente, y entre ellas resalta el nombre de Laurence D. Fink –Larry Fink para los conocidos– al mando de la todopoderosa gestora BlackRock. Nacido en el seno de una familia judía, Fink se inició en el mundo financiero como corredor de bonos en 1976. En 1988, con el apoyo financiero del grupo Blackstone, fundó BlackRock y asumió la dirección general de la naciente gestora de activos. Al final de la década de los '90 se independizó del grupo, y en 1999 formalizó la salida a bolsa de BlackRock. La crisis de 2008 sirvió a Fink para iniciar la escalada del negocio, al recibir un encargo de colaboración con el gobierno federal. La relación con altos funcionarios de la administración Obama le facilitaría el salto, convirtiéndose años después en el primer grupo de inversión del mundo. Fink forma parte de las juntas del poderoso Consejo de Relaciones Exteriores –CFR– y del Foro Económico Mundial. Asimismo, pertenece a la sociedad secreta neoyorkina 'Kappa Beta Phi', un selecto club en el que se dan cita poderosos financieros y políticos de élite. El selecto club no se diferencia de otros del mismo calado. No se pertenece a él por esnobismo, que tal vez, sino por lo que allí dentro se cuece. Tal como el autor de libro 'Young Money', Kevin Roose, escribía en el New York Magazine el 18 de febrero de 2014, en estos eventos el ceremonial cuenta: «*Tras el cóctel, todos los nuevos miembros, quienes debían vestir leotardos y faldas con lentejuelas doradas, con pelucas y disfraces, comenzaron sus actos de espectáculo de variedades*». Y añadía el articulista, «*Los neófitos, que habían cambiado sus atuendos de drag por disfraces de misioneros mormones, irrumpieron al final con una versión de parodia musical con letras personalizadas, tales que: Creo que Dios tiene un plan para todos nosotros. Creo que en mi plan hay un bono de siete cifras*».

Como en otros casos, pienso que estas reuniones, con trasfondo masónico, orquestadas por y desde el secretismo, sirven para poner de manifiesto el estado mental de toda la cuadrilla que maneja la fortuna de este mundo, y por ende las riendas del poder.

¿Qué ha pasado con la vieja Europa?

Convendría, a menudo, hacerse la pregunta que sirve de título a este capítulo. Las generaciones que peinamos canas hemos sido testigos de cómo la esencia de la vieja Europa se ha licuado, y del envase han escapado raíces, principios y valores. Aquella Europa de virtudes, excelencia y prestancia, asentado todo ello en el cristianismo, ha desaparecido. Entre todos, poquito a poco, dejamos que malvados antieuropeos la matasen. Hoy Europa es sólo la sombra de lo que fue. Una muestra del deterioro que conlleva la falta de patriotismo. Porque nadie se engañe, la Europa de las patrias preservó sus cimientos durante siglos, a pesar de las guerras. Nos vendieron una falsedad cuando nos prometieron que la cesión de soberanía hacia un ente supranacional fortalecería a los Estados y haría más grande a Europa. Pues bien, pasado el tiempo, lo que se ha conseguido es el desmantelamiento de las entidades cedentes en beneficio de una Europa más débil. Pero volvamos a la pregunta, e intentemos encontrar respuesta a la misma.

A lo largo de las dos últimas décadas, los países integrantes de la Unión Europea han ido cediendo gran parte de su soberanía en pro de una Europa supuestamente más fuerte. Un ejemplo de ello fue la cesión de la política monetaria. Al margen de cómo se hizo, lo cierto es que ello potenció la nueva moneda y ayudó a mejorar la circulación de bienes y servicios dentro del territorio común. Por supuesto, no voy a entrar en este tipo de cesiones, que al fin y a la postre nos han procurado una mejora común. Lo censurable son las concesiones en el ámbito de las ideas, aquellas que tienen que ver con la costumbre y el arraigo popular de cada nación. Además, para mayor ofensa al ciudadano, las decisiones tomadas por los dirigentes se ejecutan sin la existencia de un mandato popular exprofeso que valide la actuación. En la práctica se hurta al ciudadano el derecho que tiene de participación activa en asuntos de calado; y así se encuentra con una ristra de hechos consumados que le vienen impuestos desde Bruselas. No resulta extraño, pues, que haya cada vez más personas que vean a Bruselas como un enemigo, y apuesten por quienes reclaman buena parte de la soberanía nacional perdida. El caso más paradigmático que ilustra lo anterior es el de Hungría. Los ciudadanos de ese país han sido muy explícitos en las últimas elecciones celebradas en abril de 2022. Por amplia mayoría, han echado por tierra las imposiciones de Bruselas en el ámbito de la ideología de género. La mayoría de los húngaros han apostado por la familia tradicional y la no alienación de la enseñanza infantil y juvenil, en especial respecto a la sexualización de los menores. Todo y ello, a pesar de las presiones de Bruselas, de las mentiras vertidas en los medios de comunicación y de la influencia mediática externa.

Hagamos, ahora, un viaje en el tiempo para entender mejor lo que ocurre hoy en Europa. Nos situaremos a principio del pasado siglo. En aquel tiempo, la Europa hoy comunitaria la componían un par de imperios, el alemán y el austrohúngaro, junto a un reducido grupo de naciones. Dieciocho años después, tras finalizar la I Gran Guerra, se multiplicaba el número de países. Digo lo anterior como malsana curiosidad de lo que posteriormente promocionarían algunos, y que no era otra cosa que una federación de Estados europeos. Tal es el caso del movimiento Pan-Europa. Un manifiesto de alianza europea, considerado como el primer diseño moderno de una Europa unida. Su autor y promotor es un tal Kalergi.

Richard Coudenhove-Kalergi –1894/1972– nació en Tokio. Hijo de padre austriaco y madre japonesa, ambos de abolengo aristocrático, vivió su adolescencia en la Austria imperial donde completó sus estudios superiores. En 1922, ingresó en la logia Humanitas de Viena, llegando al poco tiempo al grado de Maestro masón. El 15 de noviembre de ese mismo año, el 'Vossische Zeitung' de Berlín publicaba el artículo 'Pan-Europa: una propuesta', en el que Kalergi daba a conocer las líneas maestras de una Europa unida en lo político, económico y militar. Un año después, en Viena, amparado por la flor y nata de la masonería austriaca, presentaba su libro programático

'Pan-Europa'. Junto a él, intervinieron el profesor Wladimir Missar, gran secretario de la Gran Logia de Austria, y el Profesor Friedrich Hertz, reputado miembro de la logia vienesa Futuro. En marzo de 1925, la revista masónica 'The Beacon' escribía: «*La masonería, especialmente la austríaca, puede estar sumamente satisfecha de tener a Coudenhove-Kalergi entre sus miembros. Podemos informar correctamente que el hermano Coudenhove-Kalergi lucha por sus creencias paneuropeas con honestidad política y perspicacia social, lucha contra las mentiras, lucha por el reconocimiento y la cooperación de todos los de buena voluntad*». Por otro lado, la amistad que Kalergi mantenía con el banquero Louis Nathaniel de Rothschild le facilitaría la financiación de su proyecto. Asimismo, recibiría el apoyo del también banquero Max Warburg, que aportó 60.000 marcos de oro, y de su hermano Paul Warburg, arduo defensor del Sistema de Reserva Federal de EE. UU. A ellos se uniría el banquero, filántropo y consejero presidencial norteamericano Bernard Baruch, que al igual que los anteriores se volcó en promocionar económicamente los planes de Kalergi.

El proyecto de Kalergi venía a suplir el fracasado intento de la Sociedad de Naciones. La unidad de la Europa continental en una federación de Estados llamada Pan-Europa, que junto a la federación Pan-Americana, Mancomunidad Británica, Rusia y Extremo Oriente, conformara el tablero mundial donde se dialogara y se aportaran soluciones a los problemas globales. En el fondo, un primitivo intento de globalización política y económica. Pero de todo ello hablaremos y profundizaremos en otro capítulo. De momento nos centraremos en el personaje, en Kalargi. Visto con la perspectiva que da el tiempo, y al margen de interesados valedores y generosas opiniones que defienden con fuerza la figura del geopolítico austriaco, lo cierto es que fue él quien hace un siglo auguró las bondades del mestizaje en Europa. Por mucho que sus admiradores alaben su obra como pacifista, quienes lean su libro 'Praktischer Idealismus' –Práctica del idealismo–, escrito en

1925, no opinaran igual. Tal vez debido a su origen, Kalergi fue un fanático defensor del mestizaje y paladín del judaísmo; en el fondo un racista y un antidemócrata. Para él, la raza blanca europea era la causante de todos los males. Ahí quedó escrito su pensamiento: «*El hombre del futuro será un mestizo (...) La futura raza afro-euroasiática, que se parece exteriormente a la del antiguo Egipto, reemplazará la diversidad de los pueblos por la diversidad de las personalidades. Según las leyes genéticas, con la diversidad de los antepasados crece la versatilidad, mientras que con la homogeneidad de los antepasados crece la uniformidad de los descendientes. En familias con cruzamiento consanguíneo, un hijo se parece al otro, ya que todos poseen los mismos rasgos familiares (...) La consanguinidad crea rasgos característicos, el cruzamiento crea personalidades características (...) El judaísmo es el seno de donde surge una nueva aristocracia intelectual de Europa, el núcleo alrededor del cual se agrupa la aristocracia de la inteligencia. Una raza superior*».

De hecho, de una u otra manera, los principios básicos de Pan-Europa siguieron presentes en el devenir de la futura Unión Europea. Desde la primitiva Comunidad Europea del Carbón y del Acero –CECA– de mediados del siglo pasado, promovida por el masón Jean Monnet y por el ferviente cristiano y devoto admirador de la Sociedad secreta Robert Schuman, hasta la Comunidad Económica Europea que daría pie a la actual Unión Europea. Tras finalizar la II Guerra Mundial, Kalergi sigue defendiendo la necesidad de crear un parlamento europeo que faculte el nuevo orden nacido tras la guerra. Su manifiesto traspasa fronteras y recibe el apoyo de la élite europea y del entonces presidente Truman. En 1947, Kalergi organiza el primer congreso de la Unión Parlamentaria Europea, en el que se apuesta por el Consejo de Europa como órgano superior de gobierno, junto a una asamblea parlamentaria meramente consultiva. O sea, un gobierno de plenos poderes. Tras su muerte en 1972, la Unión Pan-Europa se mantendría fiel a su espíritu, e influiría con sus propuestas en la redacción del fallido tratado constitucional europeo, conducido por el masón Valéry Giscard d'Estaing. Recordemos que aquella Constitución Europea de 2003, en principio aprobada por amplia mayoría en el Parlamento Europeo, fue posteriormente dejada de lado al ser rechazada por votación popular en Francia y Holanda. Y menos mal que fue así. Aquel engendro de despacho pecaba de cobardía, y desvariaba en lo referente a la política exterior de defensa común, que en su redactado decía cosas tan vagas como estas: «*En caso de que un Estado miembro sufra una agresión armada en su territorio, informará de la situación a los demás Estados participantes y podrá solicitar su asistencia (...) Se informará inmediatamente al Consejo de Seguridad de las Naciones Unidas de cualquier agresión armada*». Vamos, todo un canto de sirena. Bien, pues aquel fiasco constitucional daría pie, en 2007, al Tratado de Lisboa, una especie de parche que intentaba tapar la incapacidad de los mandatarios europeos, y que constató la desgana que había de crear una unión real y potente de Estados, más allá de lo económico y de los alevosos avatares ideológicos. No resulta extraño, pues, que bajo esas premisas la Unión Europea se haya convertido en una peonza que gira al son de lo que marcan los dirigentes norteamericanos. Buen ejemplo de ello es el papel que está jugando en el actual conflicto ruso-ucraniano. Ausente de directrices que marquen la política exterior conjunta, a golpe de silbato americano, en un sálvese quien pueda, la actual Unión padece las consecuencias, económicas y sociales del conflicto, mientras quien silba se beneficia y llena sus alforjas. Y lo peor, le hacemos caso, y en vez de tratar de apagar el incendio nos dedicamos a echar gasolina. El del silbato arengando desde la distancia, y nosotros, tontos, sin percatarnos de la cercanía del fuego.

Pasados los años, las ideas que Kalergi había plasmado en su 'Práctica del idealismo' se han hecho realidad. Desde hace un par de décadas, Europa se ha convertido en el lugar del mundo que más inmigrantes ha recibido, muy por encima de Estados Unidos. Ello referido tanto a la cifra de personas, como al número de países de procedencia. Al poco de comenzar este siglo se produjo la primera gran avalancha. En el caso español, la procedencia de mayor nivel fue Suramérica. Eran tiempos de bonanza económica y, a pesar del número desbocado de inmigrantes que llegó, la sociedad lo encajó con buen temple. Sin duda, la propaganda gubernamental contribuyó a ello. Cualquier voz crítica que cuestionaba los beneficios en contraposición al coste de aquella inmigración era etiquetada, en el mejor de los casos, como carca e ignorante. Muchos recordarán aquel falso eslogan que inundaba las tertulias radiofónicas y televisivas del momento: vienen a pagar nuestras pensiones. El Poder siempre ha tratado de engañar al pueblo como si este fuera tonto, y a fe que últimamente lo consigue siempre. Pasados estos años, son muchos los estudios que muestran que la inmigración incontrolada crea más perjuicios que beneficios. Tal es así que países como Suecia, que recibió en 2015 la mayor ola de inmigrantes de su historia, se plantea cerrar las puertas a todo proceso migratorio. Ello, mientras intenta resolver los graves problemas provocados por el ingente número de inmigrantes que hoy residen en el país escandinavo.

La Europa de hoy se asemeja en mucho a la planeada por Kalergi. Pero no sería justo culpar únicamente a este de las desventuras que sufre el occidente del viejo continente. Kalergi sólo puso la cañería; otros abrieron el grifo. Los gobiernos de la Unión Europea acordaron, en unos casos voluntariamente y en otros mediante coercitivo pecuniario, fomentar la inmigración constante y progresiva de países africanos y de medio oriente. Todo con la capacitada ayuda de organizaciones no gubernamentales, como la Open Society, y la interesada participación de potentes mafias, en unos casos con el visto bueno de gobiernos corruptos, y en otros con el patrocinio de entidades paragubernamentales al servicio de magnates mundialistas. Tampoco se debe marginar el papel jugado por Estados Unidos en los últimos treinta años. Tras la caída del Muro, de forma pasiva pero constante, los sucesivos gobiernos estadounidenses han apostado por una Europa unida administrativamente, pero debilitada en su raíz por la ausencia de sentimiento patriótico. Así, Norteamérica ha ganado la partida con un soberbio golpe a tres bandas. Somete al primo europeo a cambio de seguridad dentro de una desfasada Alianza; desvirtúa la formación de un auténtico ejército europeo y, como resultado, acorrala cada vez más a su antiguo enemigo. Un claro ejemplo de lo anterior fue la intervención de la OTAN en la guerra de la antigua Yugoslavia. Unilateralmente, en una guerra no declarada, sin previa autorización de la ONU, los países que formaban parte de la Alianza Atlántica deciden bombardear Yugoslavia. Sería el masón Javier Solana, secretario general de la OTAN, quien firmaría la orden de intervención aérea. El 24 de marzo de 1999 comenzaban los bombardeos. Durante 78 días se lanzarían 9.200 toneladas de bombas que causarían más de 1.200 muertos. Una vez más la mentira (P.18) sirvió a Estados Unidos para erigirse como policía del mundo, a la par que marginaba a Rusia. Ello, mientras el papel de la Europa de Maastricht se reducía al de mero mamporrero.

Los procesos migratorios han existido siempre. El hombre ha mudado de residencia de forma continua. En un principio como nómada per se. Posteriormente, en unos casos movido por ansias de conquista, y en otros por búsqueda de una vida mejor. Buen ejemplo de esto último fue la inmigración de finales del siglo XIX y principios del XX a Norteamérica. Fueron millones los europeos que cruzaron el océano en busca de una mejor calidad de vida, estimulados en lo económico por el sueño americano. Y, puesto el ejemplo, es preciso hacer cuatro puntualizaciones al respecto. Una, el lugar de llegada era prácticamente virgen, con una densidad de población ínfima. Dos, la práctica totalidad de los llegados tenían una misma raíz. Tres, ninguno de los inmigrantes recibió ni se valió de ayudas gubernamentales. Y cuatro, aquellos extranjeros asumieron la nueva realidad desde un principio, integrándose y participando activamente en la nueva comunidad. Bien diferente de la oleada migratoria que desde hace años viene sufriendo Europa, en especial en la última década. La avalancha producida en 2015 es bien significativa. Millones de inmigrantes abarrotaron la frontera sur de Europa y penetraron hasta el norte. Un movimiento debidamente orquestado que pretendía constreñir, por la acción de los hechos consumados, la soberanía ciudadana de los europeos. Porque por mucho que los medios de comunicación se empeñaron en hacernos creer que se trataba de refugiados, lo cierto es que aquello fue simple y llanamente una invasión.

En diciembre de 2018 se celebró en la ciudad marroquí de Marrakech, bajo el paraguas de la ONU, una conferencia intergubernamental con la finalidad de aprobar un pacto mundial para la migración. No era la primera vez que la ONU patrocinaba un encuentro de estas características: en 2006 y 2013 se celebraron sendos Diálogos de Alto Nivel sobre Migración Internacional y Desarrollo, y en 2016 la Cumbre de las Naciones Unidas para los Refugiados y los Migrantes. Las conclusiones que deparó la cumbre marroquí son de una cándida bondad que cualquier ser humano firmaría. Ahora bien, en la práctica son inviables, salvo que escondan oscuras intenciones. Y eso, vistos los antecedentes, es lo preocupante. Mantener lo que dijo la expresidenta de la Asamblea de las Naciones Unidas, María Fernanda Espinosa, respecto a que «*el instrumento* –referido a la resolución aprobada en Marrakech– *no socava, sino que fortalece la soberanía de los Estados*» es cuando menos una befa a la razón. Así lo debieron ver Chequia, Hungría, Polonia, Israel y, como no, Estados Unidos que votaron en contra; otros doce países, Argelia, Australia, Austria, Bulgaria, Chile Italia, Letonia, Libia, Liechtenstein, Rumania, Suiza y Singapur se abstuvieron, y diez más no asistieron. No obstante, la resolución salió adelante con 152 votos a favor. La finalidad, que por el momento sólo quedó en intención, de la citada conferencia intergubernamental era conseguir que los países del llamado primer mundo abrieran fronteras, y se comprometieran a acoger anualmente un determinado número de inmigrantes. Así titulaba, el 9 de diciembre de 2018, la noticia el periódico español El País: 'España se suma al pacto migratorio de la ONU rechazado por Gobiernos derechistas'. En línea con el discurso de Sánchez, para quien *«el Pacto Mundial representa un paso cualitativo hacia el multilateralismo efectivo»*, y que alababa las contribuciones positivas de la migración, ya que *«ayudan a llenar los déficits demográficos en los países de destino, que a menudo se ven afectados por el envejecimiento de la población»*.

Lejos quedaba aquella corriente partidaria de la ayuda en origen a los países subdesarrollados, para que fuera allí donde se creará riqueza y, por ende, aumentara el bienestar de sus ciudadanos. Actualmente, se mira mal a quien, en buena lógica, defiende tal postura. Tampoco sirve el argumento apoyado en la riqueza natural que poseen muchos de esos países, con el enorme potencial que ello conlleva. Ni siquiera la crítica hacia quienes desde afuera se apropian de dicha riqueza. Todo eso ha quedado estigmatizado. Hoy lo que se defiende es bien distinto: potenciar la inmigración, hurtando a esos países de la mano de obra necesaria para levantarlos y condenándolos a la eterna pobreza. En el fondo, poco o nada le interesa a la Élite que África se desertifique de talento, como tampoco les importa la vida de los que allí viven, ni la de los que la pierden cuando emigran. Lo primordial para esa élite globalista es acabar con cualquier vestigio de la raza europea. Algo que de hecho casi han conseguido.

El déficit de reemplazo generacional, o si se quiere el invierno demográfico, es otro de los factores que serviría como respuesta a la pregunta que encabeza el artículo. A partir de mediados de los años '70 del pasado siglo el índice de natalidad de los países de Europa occidental fue reduciéndose año tras año. La pirámide de población cambiaba base por cima, en la misma medida que aumentaba el envejecimiento de la población. Por un lado, la gente vivía más, y por otro los nacimientos se reducían. El caso de España es uno de los más significativos. Si comparamos 1975 con 2018 vemos como la media de hijos por mujer, incluidos adoptados, pasó de 2,83 a 1,25. Y si lo circunscribimos al ámbito autóctono –mujeres con nacionalidad española–, la última cifra se reduce a 1,09. Similar correlación se ha dado en los demás países de la Unión Europea. Según datos del INI referidos a 2019, la tasa más baja la tiene Malta con un 1,14, seguida de España con 1,23 e Italia con 1,27. En el lado opuesto figura Francia con un 1,86, debido en gran parte a las mujeres musulmanas nietas de abuelas afincadas hace décadas en el vecino país. Le siguen Rumanía con 1,77 y Chequia, Irlanda y Suecia con 1,71 (P.19). Hasta aquí las cifras, muy por debajo de 2,1 mínimo necesario para garantizar el reemplazo generacional.

Gran parte de los motivos del porqué se ha llegado a esta situación quedaron reflejados en uno de los capítulos anteriores. No incidiré en ellos. Sin embargo, convendría hacer hincapié en algo que por su aparente inanidad puede pasar desapercibido. Me refiero al bienestar que ha rodeado a la actual sociedad, y que ha transformado a sus gentes en cómodos deambulantes sin espíritu de sacrificio. Ello es de una gravedad tremenda, ya que nuestro bienestar viene dado por el sacrificio de quienes nos precedieron. Si ellos hubieran actuado bajo las mismas premisas que hoy guían nuestro quehacer, es seguro que ninguno de nosotros, de existir, poseería nada. Revisemos la historia y comprobaremos que las civilizaciones que no trabajaron su futuro acabaron pereciendo. Y por supuesto, no echemos la culpa a nadie más que a nosotros mismos por permitirlo.

Nuevo orden mundial, globalismo y masones

Las locuciones 'New Age' –'Nueva Era'– y 'Nuevo Orden Mundial' no son nuevas. La 'New Age' nace formalmente tras la I Gran Guerra, si bien sus raíces se inspiran en principios teosóficos de finales del siglo XIX. Por su parte, la segunda, 'Nuevo Orden Mundial', aunque usada a principios del pasado siglo por algunos escritores –en 1940 se publicó el libro 'The New World Order' de H. G. Wells–, coge cuerpo una vez finalizada la II Guerra Mundial. Algunos autores asocian ambos términos, pero lo cierto es que no son sinónimos, si bien tampoco resultan del todo antagónicos. Mientras que el primero tiene que ver con lo esotérico, el segundo se enmarca dentro del ámbito sociopolítico. Consecuencia de ello, cabría diferenciar entre la masonería actual, a mi modo de ver más cercana a este último concepto, y algunas ramificaciones de esta cercanas al iluminismo, teóricamente más próximas a la New Age. Soy de la opinión de que buena parte de la corriente dominante de la actual masonería ha dejado de lado el esoterismo de antaño, que no el luciferismo. En cualquier caso, ambas expresiones marchan de la mano y tienen como objeto el mandato del advenimiento, del cambio, del nuevo horizonte hacia el que debe caminar la sociedad. Curiosamente, entre los años 1904 y 1990, la revista por nombre 'New Age' era el órgano oficial del Consejo Supremo grado 33 de la 'Freemasonry Southern Jurisdiction' de Estados Unidos.

Hecha esta breve introducción me centraré en la segunda locución. El concepto 'Nuevo Orden Mundial' –NOM y NWO por sus siglas en inglés– como marco de una nueva ideología viene de lejos. El pensamiento de la unificación de naciones bajo un único gobierno se retrotrae al siglo XIX. El naciente movimiento revolucionario y sindical de mediados de dicho siglo, influenciado por Karl Marx y

Friedrich Engels, daría pie a la creación de la I Internacional de los Trabajadores. Sus líderes hablaron entonces de *«un orden mundial diferente sobre los restos de los imperios europeos»*. Aunque los principios inspiradores de la I Internacional puedan parecer que chocan con los intereses más bien burgueses de la masonería, lo cierto es que bastantes de los dirigentes sindicales de aquel momento coquetearon, cuando menos, con ella. Es el caso de Mijaíl Bakunin, a quien se le relacionó con la logia Il Progresso Sociale de Florencia, o el de Pierre-Joseph Proudhon, que se inició el 8 de enero de 1847 en la logia Sincérité, Parfaite Union y Constante Amitié de Besançon. Para el historiador marxista Boris I. Nicolaevsky, quedó meridianamente claro que *«organizaciones aparentemente masónicas desempeñaron un papel decisivo en la formación de la Primera Internacional»*. Otro importante factor de unificación mundial fue la creación, en 1889, de la Unión Interparlamentaria –UIT–, que contribuiría de manera significativa al desarrollo del movimiento pro gobierno mundial.

También las primeras conferencias de paz, celebradas en La Haya en 1899 y 1907, cimentarían los lazos de unión de las naciones bajo la idea de una federación mundial. La primera de ellas, promovida y patrocinada por el zar ruso Nicolás II, quien en 1898 ya se había manifestado a favor de una conferencia internacional en la que se abogara por una paz real y duradera. Esta misma conferencia daría luz verde a la Corte Permanente de Arbitraje –PCA–, un nuevo instrumento supranacional ideado para la resolución de conflictos entre las naciones. Para el escritor Frederick Henry Lynch, prolífico escritor de la época, ambas conferencias marcaron un antes y un después en la intención de crear una auténtica *«federación de naciones»*, y dieron *«pasos trascendentales hacia la unidad mundial»*. Sería este mismo autor quien en 1916, en su libro 'Challenge: the Church and the New World Order', utilizaría por primera vez el término 'nuevo orden mundial'. Lynch dedicó buena parte de su trabajo a expandir la idea de la unificación mundial, llegando a apuntar que *«nadie que haya observado de cerca los movimientos, que avanzan más a principios de este siglo XX, puede dejar de ver que este siglo será testigo de algo similar a un proceso unificador entre las naciones».*

La idea de un gobierno mundial se transforma en algo prioritario para la masonería de comienzos de siglo. Tanto la Gran Logia como el Grande Oriente, ambos de Francia, serán los principales promotores del proyecto. En junio de 1917, aún en pleno conflicto mundial, se celebra en París el Congreso Masónico de las Naciones Aliadas y Neutrales en el que participaron, entre otros, representantes de Francia, Italia, España, Estados Unidos, Bélgica, Suiza y Portugal. La finalidad de la cumbre era *«crear una autoridad supranacional que tenga como fin resolver pacíficamente las diferencias entre las naciones».* A tal efecto, se tomó la decisión de crear la Federación Internacional Masónica para la Sociedad de Naciones, con clara influencia en la futura creación de la Sociedad de Naciones.

Tras finalizar la I Guerra Mundial, en 1919 las grandes potencias, lideradas por EE. UU., auspiciaron la creación de un ente supranacional con la finalidad de propiciar el entendimiento y la concordia ante la aparición de futuros conflictos. Así, el presidente Woodrow Wilson proclamaría un programa de 14 puntos para garantizar la paz universal basada en principios liberales. En dicho programa quedaba patente el universalismo de Wilson y el plan de reconstrucción mundial. La primera asamblea de la recién creada Sociedad de Naciones tuvo lugar en Ginebra el 15 de noviembre de 1920, con la asistencia de 42 países. Aquella Sociedad o Liga de Naciones fue el primer intento serio de formar un gobierno mundial, paralelo al de los Estados-Nación, que objetivaba la unificación de normas globalizadoras. Pero aquel instrumento de mundialización del poder nació cojo y se quedó en sólo eso, en un proyecto huero. Tres fueron los motivos principales: uno, el triunfo del bolchevismo en Rusia; dos, las duras condiciones impuestas a Alemania en el Tratado de Versalles; y tres, la negativa del Senado estadounidense a ratificar el mencionado tratado de paz y, muy a pesar de Wilson, el rechazo de adhesión a la Sociedad de Naciones. Con todo, en la mente de los mandatarios estadounidenses se mantuvo vivo el deseo de procurar un estamento global que modulara las reglas de juego internacionales. Es el caso del presidente de Estados Unidos, el masón Franklin Delano Roosevelt, que empleó en varias ocasiones el término 'Naciones Unidas'.

Así, antes incluso de la creación de la Organización, el 1 de enero de 1942, en plena II Guerra, con la presencia de líder americano, se aprobaría la 'Declaración de las Naciones Unidas'. Un manifiesto firmado por representantes de 26 naciones que se comprometían en la lucha conjunta contra los países del Eje. Más tarde, en 1945, concretamente el 24 de octubre, aquella primitiva idea unificadora tomaba cuerpo: se creaba oficialmente la Organización de Naciones Unidas –ONU. Poco antes, el 26 de junio, se redactó en San Francisco la Carta de constitución de la ONU, que en principio firmaron un total de 50 países. Resulta llamativo que en todo el articulado de la citada Carta –111 artículos– no surjan ni una sola vez los vocablos 'armas' y 'ejército', máxime cuando el principal propósito de Naciones Unidas era, según su preámbulo, «*Mantener la paz y la seguridad internacionales*». También llama la atención que otras palabras como 'paz' y 'guerra' aparezcan 42 y 5 veces, respectivamente. Por otro lado, se nombra 139 veces 'seguridad' y sólo una vez 'libertad'. Una, cuando menos, llamativa curiosidad.

A partir de ahí, ha sido la propia ONU, con el consabido patrocinio de la élite globalista, quien ha ido creando organizaciones sectoriales, encargadas de inspirar las acciones globalizadoras en las parcelas más importantes de la sociedad. Tales son los casos de la OMS –Organización Mundial de la Salud–, FAO –Organización para la Alimentación y la Agricultura–, FMI –Fondo Monetario Internacional, OIT –Organización Internacional del Trabajo– y UNESCO –Organización para la Educación, Ciencia y Cultura–, por citar algunas. Y si bien cada una de estas instituciones es autónoma, lo cierto es que todas se mueven bajo supervisión de la Organización madre. El primer secretario general de la Organización fue el noruego, y masón de grado 33, Trygve Halvdan Lie, que permaneció en el cargo hasta 1952.

También lo fue su sucesor, el sueco Dag Hammarskjöld, que ocuparía la secretaría general de 1953 a 1961, muy envuelto, por otro lado, en el fervor religioso. Él sería el promotor de la Sala de la Meditación. Un espacio creado en la misma sede de las Naciones Unidas en Nueva York para la reflexión espiritual, con independencia de la fe, credo o religión. Sin sillas, con un bloque rectangular de magnetita de seis toneladas y media a modo de altar, iluminado cenitalmente por un solo foco. Para Hammarskjöld, aquello debía ser *«un encuentro de la luz, el cielo y la tierra»*, y era *«el altar del Dios de todos»*. En 1957 dirige una carta a los visitantes de la sala en la que entre otras cosas dice: *«Aquí se encontrarán personas de muchas religiones (...) hay cosas simples que nos hablan a todos con el mismo idioma. Hemos buscado tales cosas y creemos que las hemos encontrado en el haz de luz que golpea la superficie brillante de roca sólida (...) Entonces, en el centro de la sala vemos un símbolo de cómo, diariamente, la luz de los cielos da vida a la tierra (...) de cómo la luz del espíritu da vida a la materia. (...) Pero la piedra en el medio de la habitación tiene más que contarnos. Podemos verlo como un altar, vacío, no porque no haya Dios, no porque sea un altar a un dios desconocido, sino porque está dedicado al Dios a quien el hombre adora (...) El rayo de luz golpea la piedra de esta habitación de absoluta simplicidad. No hay otros símbolos, no hay nada que distraiga nuestra atención (...) Hay un antiguo dicho que dice que la sensación de un recipiente no está en su caparazón sino en el vacío. Así es con esta sala»*. En el discurso, de marcado carácter masónico, destaca su alegato deísta. Pasan los años, pero la masonería sigue persiguiendo sus objetivos. Entre otros, apoderarse de la fe, o del ateísmo, de cada cual e implantar su propia religión.

De los nueve secretarios generales que ha tenido la ONU hasta ahora, cuatro fueron masones; a los dos citados se añaden Pérez de Cuéllar y Kofi Annan. Pero al margen de ello, la masonería siempre se ha sentido identificada con el Secretario General. Es el caso de la masonería portuguesa, que elogio y felicitó la elección de António Guterres como nuevo mandamás de la Organización de Naciones Unidas en 2017. Tras el nombramiento, los masones portugueses declaraban en un comunicado: *«La masonería portuguesa felicita a António Guterres por su elección como Secretario General de las Naciones Unidas, y el hecho de que haya sido aclamado unánimemente por el Consejo de Seguridad de las Naciones Unidas, lo cual es un caso extraño en la organización. Ahora la masonería está representada en las Naciones Unidas, y el ECOSOC –Consejo Económico y Social de las Naciones Unidas– por CLIPSAS –Centro de Comunicación e Información de las Potencias Firmantes del Llamado de Estrasburgo–, una de las organizaciones masónicas más grandes, teniendo sus objetivos alineados con lo que la Masonería Universal ha defendido durante siglos».*

Antes de llegar a la secretaría general de la ONU, Guterres fue nombrado, en junio de 2005, Alto comisario de las Naciones Unidas para los Refugiados. Al poco de ponerse al frente de ACNUR se produce un fuerte incremento de los movimientos migratorios, en especial aquellos dirigidos hacia Europa. Durante todo su mandato Europa sufre la mayor invasión, en forma migratoria, desde la Era Moderna, y que culminará con los sucesos de 2015. Ese año se produjo una auténtica avalancha migratoria, que condujo a la llegada de millones de personas a los que se les dio el trato de refugiados, cuando en verdad la mayoría de los llegados eran hombres jóvenes, ajenos a la guerra de Siria. Jóvenes que a su paso por Centroeuropa provocaron infinidad de conflictos, desde robos a violaciones. Sin duda, el trabajo de Guterres como mandatario de ACNUR fue de una efectividad enorme, tan del gusto de Kalergi que este lo hubiera visto con buenos ojos. El actual Secretario General fue en su momento un declarado católico, y un fiel opositor a la legalización del aborto. Una postura bien distinta a la actual, por cuanto defiende un 'aborto seguro y legal'. Guterres es hoy un firme promotor de la ideología de género y de los derechos 'LGTBQ', algo fácilmente corroborable con sólo acceder a la web de la institución.

El papel que juega la actual ONU como promotora de la nueva ideología que nos rodea, es fundamental. Al frente del resto de organizaciones nacidas y conducidas por la Organización madre, la ONU se postula como anónima y sibilina ejecutora que, bajo la batuta de la élite globalista, lleva a cabo los cambios precisos que requiere el Nuevo Orden Mundial. A saber: un solo gobierno, con legislación, moneda, policía y religión, únicas y globales. Esto que hoy parece cosa de delirantes mentes *conspiranoicas* sepa, amigo lector, que hace décadas que se viene gestando. Viajemos un poco en el tiempo y situémonos en el año 2000. En marzo de este año se aprobaba un documento, promovido y patrocinado por el entorno de Naciones Unidas, a modo de declaración internacional de principios y propuestas sobre nosotros y nuestro hábitat. El documento, por nombre 'Carta de la Tierra' (P.20), era fruto del trabajo de un grupo de autoseleccionados individuos que trabajaron en su redacción desde 1997. Al frente del grupo, el masón y presidente del Consejo de la Tierra, Maurice Strong, declarado globalista, conocido impulsor del control de natalidad y, a la par, subsecretario de la ONU. Junto a él, el expresidente ruso Mikhail Gorbachov, entusiasta impulsor de la Carta y masón tardío (P.21); el director general de la UNESCO y también masón Federico Mayor Zaragoza; el expresidente holandés y destacado teórico del globalismo Ruud Lubbers, quien en 2001 sería recompensado con la dirección de ACNUR; Steven Rockefeller –hijo de Nelson–, encargado de coordinar la redacción de la Carta; Leonardo Boff, exsacerdote y, en su momento, promotor de la teología de la liberación; Mercedes Sosa, Severn Cullis-Suzuki y Pauline Tangior, entre otros.

Cualquiera que se detenga en el preámbulo del manifiesto, sin inquirir en lo menudo del texto, a buen seguro que alabará la iniciativa. Hay que profundizar para observar la peligrosidad que esconde. Dicho de otro modo, su malevolencia viene dada por su benévola apariencia. La 'Carta de la Tierra' esconde dentro de sí todo un programa de reingeniería social. Se trata de un conjunto de normas, a modo de constitución, que marcan los pasos a seguir por el ser humano, todo en pro de un mundo feliz y mejor. Una perversa melodía que culpabiliza al ser humano de todos los males terrestres, responsabilizando de forma igualitaria a todos los hombres. Y un bello canto que exonera de obligaciones a quienes tienen el poder, sea económico o político, lo que a resultas supone un sometimiento del hombre a los intereses de una minoría privilegiada. Lo anterior lo digo no sólo por cuanto así se desprende de la lectura de la Carta, lo hago apoyado en las declaraciones que en su día hizo Gorbachov. Según él, la 'Carta de la Tierra' es el «*Decálogo de la Nueva Era*» sobre el que debe basarse la conducta universal: «*una nueva ética para el nuevo mundo*». Y añadía, «*Estos nuevos conceptos se deberán aplicar a todo el sistema de ideas, a la moral y a la ética y constituirán un nuevo modo de vida (...) Los principios contenidos en esta Carta deben usarse como reemplazo de los Diez Mandamientos*». Han pasado los años, y gran parte de lo que exponía aquella Carta se ha llevado a cabo sin que apenas nos hallamos percatado de ello. Suele pasar cuando los cambios se producen poco a poco. Pero si echamos la vista atrás, observamos que la cultura del medio ambiente ha calado entre nosotros como si de un dogma se tratara. Quien hoy ose cuestionar esa ambigüedad llamada 'cambio climático' será tachado de hereje, por mucho que defienda una obviedad: desde el origen de los tiempos el clima siempre ha sido cambiante. Otro tanto ocurre con el aborto, que superada la etapa de despenalización es considerado hoy como un derecho de la mujer. La 'Carta de la Tierra' lo dejaba claro en uno de sus principios, al marcar la adopción de «*patrones de reproducción que salvaguarden las capacidades regenerativas de la Tierra*». Choca lo anterior con la escasa presencia de la palabra libertad que sólo aparece cuatro veces, tres de manera condicionada y una como derecho. Poco o nada debía interesarles a los paridores la libertad, ya que ese preciado bien que Dios dio al hombre nunca estuvo tan perseguido como desde entonces. Bien puede asegurarse que si algo caracteriza a este siglo es la prohibición, en la misma medida que la libertad identificó al pasado. También se echa de menos el menoscabo hacia el hombre como ser supremo de la creación, igualándolo al resto de seres vivos, y supeditado en todo a la 'madre tierra'. Vocablo que aparece en multitud de series y documentales con la finalidad de adiestrar conciencias. Tampoco resulta baladí la disimulada intención hipócrita del apartado IV acerca de 'Democracia, no violencia y paz'. Es llamativa la mención que se hace acerca de «*eliminar la corrupción en todas las instituciones públicas y privadas*», cuando el tiempo ha evidenciado que, desde su promulgación, esa lacra se ha instaurado y aceptado como cosa normal.

Aunque el parecido de las palabras globalización y globalismo pueda aparentar sinonimia, lo cierto es que nada tiene que ver una con otra, en especial desde una perspectiva socioeconómica. La globalización, o si se prefiere la mundialización, no es en sí algo negativo. Al contrario, la globalización mercantil es lo que ha permitido avanzar y progresar a la humanidad. La historia nos ilustra acerca de acontecimientos pasados que tuvieron como vértice la expansión del comercio hacia una mundialización. Ejemplo claro de ello lo supuso la llegada de España a América. El descubrimiento de un nuevo continente provocaría la globalización del intercambio de materias y productos. Las ventajas de aquello se hicieron patentes al poco, y con el paso del tiempo se acrecentaron. Nada que objetar a este tipo de globalización. Sin embargo, algo bien distinto es el globalismo. A diferencia de la globalización, el globalismo es el resultado de aplicar la globalización conforme a unas directrices que, al igual que en todos los *ismos*, acaban convirtiéndose en auténticos dogmas. Así, el globalismo no puede ser positivo, ya que se impone y coarta la libertad. Es, por tanto, negativo y perverso. No se detiene en lo mercantil. El globalismo pretende abarcar todos los ámbitos de la vida humana. Constriñe al hombre convirtiéndolo en mero súbdito del Poder. Limita el ámbito decisorio por imposición, desde lo social a lo ideológico. Refuta la costumbre como fuente de Derecho, penaliza el núcleo fundamental de la sociedad, suprime lo identitario y margina al disidente. En síntesis, el globalismo es la antítesis del patriotismo y conlleva la anulación de la nación.

Una muestra del globalismo de las entidades supranacionales es lo sucedido en estos dos últimos años. Lo ocurrido durante la pasada pandemia demuestra hasta qué punto las organizaciones derivadas de la ONU, v.g. la OMS, meten la cuchara en las decisiones de los gobiernos nacionales. A lo largo de estos meses la Organización Mundial de la Salud, convertida en auténtico ministerio de sanidad global, ha marcado las directrices de todos los países en cuestión sanitaria. Durante estos dos últimos años se ha evidenciado la sumisión de los gobiernos a una élite, dispuesta a tratar a la población mundial como auténticos conejillos de indias. Ejemplo de lo anterior es el tuit que el Ministerio de Salud de Paraguay publicó el 1 de diciembre de 2021 (P.22), en el que refería su obediencia a la OMS: «*Luego de arduas negociaciones todos los países miembros de la Organización Mundial de la Salud han decidido iniciar el proceso hacia un nuevo tratado sobre pandemias y que un Órgano Intergubernamental Abierto será el espacio de negociación y debate*». La Élite y los gobiernos ya no esconden sus fines; todo abiertamente y a plena luz. Sólo un hecho inesperado detuvo, de momento, toda esta locura pandémica: la invasión rusa en Ucrania. A partir de ese momento se acabaron las olas y se difuminó la pandemia, y la corporación occidental de medios audiovisuales se centró en mostrar las maldades de Putin. Por cierto, hablando del corporativismo mediático occidental, resulta penoso ver como la censura avanza a pasos agigantados. En particular aquí, en la Unión

Europea, donde los prebostes europeos han decidido verificar, tijera en mano, lo que se publica, y disponer por decreto que se puede ver y leer acerca del conflicto ruso-ucraniano. Otra prueba más que evidencia que al globalismo no le gusta la libertad. Así las cosas, este sería un buen momento para la reflexión, para echar la vista atrás y comprobar la sarta de mentiras que nos han contado, cómo se han silenciado las voces discrepantes y en qué medida los efectos secundarios de lo que llamaron vacuna están afectando a cientos de miles de personas en todo el mundo.

Gran parte de la esencia del globalismo viene marcada por la 'Agenda 2030'. Se trata de una hoja de ruta cuya finalidad es la deconstrucción del tipo de vida tal cual lo entendemos hoy, en particular en occidente. Los objetivos de dicha Agenda fueron aprobados por la ONU en 2015, con el aval de los líderes mundiales. La práctica totalidad de Estados miembros de la ONU aceptaron las medidas que marcaba el documento (P.23), comprometiéndose a llevarlas a cabo dentro de lo que se llamó: 'Transformar Nuestro Mundo: la Agenda 2030 para el Desarrollo Sostenible'. Dichos objetivos, conocidos como globales y que en su titular firmaría cualquier persona, esconden en su desarrollo una perniciosa finalidad. Así, asuntos como el cambio climático, la reprobación de la dieta carnívora, la ideología de género, la reconvención de la heterosexualidad, el multiculturalismo potenciado por la invasión migratoria, la reducción de la población, el desmantelamiento de la familia tradicional, el ataque al catolicismo, por citar algunos, se convierten en las metas de la Agenda. Un nuevo estilo de vida donde no tiene cabida la discordancia ni el discrepante. Lo anterior, que es de suma importancia, no lo sería tanto si no encerrase un velado ataque a la propiedad privada. Ya me he referido al manifiesto en pro de la miseria que la parlamentaria danesa, Ida Auken, escribió en la web del Foro Económico Mundial en 2016. De ahí, la famosa frase de Davos que se hizo viral: «*En 2030, no poseerás nada, pero serás feliz*». Un alegato que pronostica la muerte de la propiedad privada y que, caso de llevarse a cabo, nos llevaría a la esclavitud, porque sin propiedad no hay libertad. Una vuelta atrás que, aunque con apariencia amigable, nos trasladaría a los peores años de épocas pasadas en países tales que la URSS. Lo expresado tiene la verosimilitud de la evidencia y nada de locura *conspiranoica*. Buena parte de los jóvenes de hoy no se ven atraídos por poseer cosas propias, más allá de un teléfono móvil y, tal vez, un patinete o una bicicleta. La idea de la propiedad apenas ronda por su cabeza y son partidarios, en caso de pagar, hacerlo por el uso. La élite mundial se ha encargado de ir mermando esa 'anticuada manía' que tenían sus padres de ser dueños de algo.

En 2019, el Foro Económico Mundial firmó con la ONU un 'Marco de Asociación Estratégica' para el desarrollo y aceleración de la Agenda 2030. En buena lógica, no resulta extraño que gran parte de la ideología que marca la ONU se halle dentro de los postulados del FEM. No es de extrañar, por tanto, que el discurso de su fundador y presidente, Schwab, desprenda ideología por los cuatro costados. Así, apunta a la urgente construcción de nuevos cimientos para un nuevo mundo dentro de un moderno orden de carácter colectivista; plantea la necesidad de reducir los múltiples centros de poder regionales, dejando en manos de organismos supranacionales la toma de decisiones; rompe cualquier vínculo con los valores tradicionales de occidente basados en el cristianismo y la democracia; proyecta un futuro hacia el panteísmo y el transhumanismo; pone como tótem de una nueva religión a la madre tierra y activa, hasta las últimas consecuencias, los nuevos dogmas como son el cambio climático y la ideología de género. Schwab, al igual que otros poderosos personajes de la Élite, v. gr. Gates, pretende convertirse en nuestro salvador. Sin poseer mandato alguno que les faculte, estos perversos individuos marcan las directrices a los gobiernos. Y estos, en su inmensa mayoría, las ejecutan sin someterlas al parecer del pueblo, sin cuestionar nada, como si de dogmas se tratara.

Presagios y conjeturas sobre el futuro

No quisiera acabar este libro sin expresar mi pensamiento acerca del futuro. Se trata, por supuesto, de pura presunción, porque lo que está por venir nadie lo sabe con certeza. Por lo tanto, pido anticipadamente excusas por si algún lector ve en ello prepotencia por mi parte. Nada más lejos de la realidad. Ni soy, ni me considero adivino. Simple y llanamente me limitaré a plasmar aquello que, desde la razón, me parece de muy probable acontecer. Tal vez, lo único diferencial que juega a mi favor sea la edad: los años ilustran las mentes, incluso las más torpes.

Escribía Boor en su trabajo Masonería: «*Se vive en el mundo bajo una frivolidad y una pereza mental, que existen muchos sucesos contemporáneos que pasan inadvertidos para la mayoría de las gentes y que pocos se detienen a analizar y a notar, cuando son base para explicarse otros acontecimientos de la época difíciles de comprender sí no se tienen en cuenta aquellos antecedentes*». El párrafo anterior, escrito hace más de setenta años, constata que la sociedad de hoy día mantiene los vicios de la de entonces. La pereza mental sigue en boga, y pocos son los que buscan el porqué de los sucesos. Ciertamente, lo que hoy ocurre es consecuencia de actos pretéritos. Por tanto, somos exclusivos responsables de lo que padecemos, bien por apoyar la primitiva acción que llevó a lo de ahora, bien porque no hicimos nada para evitarla.

Los acontecimientos que rodean nuestro día a día nos advierten de una ruta trazada concienzudamente de antemano. A poco que echemos la vista atrás, observamos cómo buena parte de lo que hoy se nos impone se hace conforme a un plan hace tiempo diseñado. Diariamente se nos machaca con asuntos relacionados con la ideología de género; advertimos como se sexualiza a los niños desde la más temprana edad, y percibimos hasta qué punto se ha ideologizado la enseñanza. Vemos que temas como el aborto, la homosexualidad o el cambio climático, por citar algunos ejemplos, se tratan como auténticos dogmas.

Cualquiera que los critique, o simplemente no los comparta, se convierte en un peligroso delincuente al que hay que acallar y, en el mejor de los casos, confinar en el lazareto de los insidiosos.

Las decisiones que toman los distintos gobiernos nacionales difieren muy poco de un país a otro. Tal aseveración es fácil de constatar, y está al alcance de cualquier persona que lo quiera verificar. Démonos un paseo por la prensa digital de una serie de países, o veamos algunas cadenas de televisión extranjeras, y observaremos una misma comunión de ideas en asuntos varios, como los enumerados en el párrafo anterior. Así las cosas, lo que viene lo hace al margen de la política partidista. Nada tiene que ver con posturas de partido, sean de un signo u otro, y nos afecta a todos, con independencia de nuestro ideario político. Es, por tanto, lógico que nos hagamos una pregunta: ¿qué sentido tiene votar a unos o a otros si lo que nos afecta viene impuesto de fuera? Probablemente, la respuesta nos lleve a pensar que la democracia ha muerto. Y si no existe democracia, ¿qué sentido tienen los Estados? La respuesta sería: ninguno, ya que el auténtico gobierno es otro. Un gobierno global y autoritario. Estamos ante un nuevo concepto: el mandato uniforme y global. Una nueva interpretación del desarrollo político, donde el hombre pierde la condición aristotélica de animal social para convertirse en mero sometido de una colectividad unívoca y estereotipada.

He comentado en otra parte de este libro que no todos los masones declaran serlo, y menos aquellos que han alcanzado grados superiores. No obstante, pienso que detrás de todo este plan no sólo está la masonería. Tal como hemos visto, hay otros entes que, manejados o no por masones, han tomado las riendas y marcan el camino a seguir. En cualquier caso, a estas alturas del partido poco importa el grado de quienes dictan las normas, porque gran parte de los objetivos que la masonería se planteó ya los ha conseguido. Destruidos los principales pilares de la sociedad el resto del camino ha sido fácil. Una de las tareas que la masonería se impuso como vértice para cambiar a la sociedad fue apaciguarla frente al escándalo, de tal forma que cualquier extravío en las costumbres por aberrante que fuera se tomara como moda. Así ocurre que hoy son muy pocos los que se escandalizan ante la mayor barbarie. Y digámoslo claro, la masonería lo ha sabido hacer. Ha inoculado a la sociedad frente a la inmoralidad, de tal forma que ha conseguido doblegarla sin que apenas lo haya notado.

Durante décadas nos hemos ido apartando de Dios. Negada o no su entidad, dejamos de lado toda trascendencia y acabamos como simples seres banales. Cambiamos los mandamientos de inspiración divina por otros de vocación terrenal, sujetos al capricho de una élite perversa, que por infusión satánica pretende ocupar el puesto de Dios. De ahí la implantación de los modernos dogmas terrenales, v. gr. cambio climático, que destierran la diferencia ontológica y axiológica que existe entre el ser humano y los otros seres vivos. Saben bien que, una vez anulado el papel superior del hombre, resulta fácil instaurar una visión igualitaria respecto a la supuesta dignidad de todos los seres vivos. Su santidad Benedicto XVI ya se percató del peligro que nos acechaba en 2010. Aquí sus palabras: «*Se abre así paso a un nuevo panteísmo con acentos neopaganos, que hace derivar la salvación del hombre exclusivamente de la naturaleza. La Iglesia invita a plantear la cuestión de manera equilibrada, respetando la "gramática" que el Creador ha inscrito en su obra, confiando al hombre el papel de guardián y administrador responsable de la creación, papel del que ciertamente no debe abusar, pero del cual tampoco puede abdicar*». El panteísmo naturalista y ateo que invade nuestras vidas nos hace reos de los avatares climáticos. El ser humano se convierte en culpable de todos los males, sin siquiera posibilitar su defensa. El dogma climático se impone fuera de toda razón. Poco importa que la historia indique que los cambios atribuidos al clima se producen de manera cíclica. Así, de forma irracional, se llega al extremo de anteponer la naturaleza al hombre, convirtiendo a este en esclavo de aquella.

Otro de los males que acecha nuestra sociedad es el transhumanismo. Nunca hasta ahora el desarrollo de la ciencia y la aplicación de los avances tecnológicos dirigidos al hombre se habían llevado hasta el extremo que se hace hoy. Por supuesto, muchos de esos avances han permitido curar a enfermos que tiempo atrás hubieran sido desahuciados. Pero el transhumanismo va más allá de la medicina y de la biología, tiene como meta convertir al hombre en máquina consciente. Apoyado en la tecnología, el transhumanismo no sólo trabaja en la mejora física del ser humano, también lo hace en el campo psíquico y de la consciencia. Conseguir alargar los años de existencia, eliminar enfermedades y mejorar la calidad de vida son cosas plausibles, y que con mucha probabilidad se conseguirán. Sin embargo, es la modificación y alteración del genoma lo que pone los pelos de punta. Los genetistas hablan ya sin rubor de la necesidad de introducir cambios genéticos que mejoren la especie humana. Lo que puede provocar cambios irreversibles, que serán transmitidos a las siguientes generaciones. Esto, que puede sonar a ciencia ficción, ya se está llevando a cabo, mediante una técnica de nombre 'CRISPR/Cas9' que permite modificar, eliminar, cortar o replicar ADN. Desde hace unos años, el Instituto de Tecnología de Massachusetts, de la mano del ingeniero especializado en nanotecnología molecular Eric Drexler, viene desarrollando ensambladores moleculares que se unen a la molécula de ARN, v.g. el conocido ARN mensajero. Pero la cosa no queda ahí. Actualmente, la nanotecnología permite utilizar nanosensores sintéticos que pueden llegar a autorreplicarse; recibir información y dar órdenes. El control de la población está a la vuelta de la esquina. Y junto a este siniestro panorama, coexiste otro que no quiero dejar de lado: la manipulación de la consciencia humana.

Al avieso horizonte de control que sobrevuela la genética cabría añadir el manejo y traslación de la consciencia humana. Empresas como Vicarious especializada en I.A. –inteligencia artificial– desarrollan nanosensores aplicados al córtex cerebral. Otras, como Neuralink, trabajan en los implantes neuronales que permiten controlar dispositivos móviles. Se dice que ya es posible decodificar el pensamiento y almacenarlo en un ordenador. Todo un novedoso mundo con sus dos caras: la buena y la mala. A pesar de todo, y por mucho que se alardee de que se ha conseguido inyectar en un ordenador la consciencia humana, me da a mí, desde mi ignorancia, que este es un sector vedado al hombre. Lo digo por lo que supone la conciencia dentro de la consciencia. Jugar a ser Dios no es nuevo. El ser humano lo ha intentado en diversas ocasiones y épocas, y en todas con resultado nefasto. Quizás, nunca desde el nivel de conocimiento de que hoy se dispone, pero estoy persuadido de la existencia de una línea roja que nos viene impuesta por el Creador.

Dejo para el final el que a mí entender es el concepto más pernicioso al que nos enfrentamos: libertad. Hace tiempo que el Poder nos la viene limitando. Desde aquel fatídico 11 de septiembre de 2001, la libertad se ha transformado en el oscuro objeto de deseo de todos los gobiernos. Atrás, muy atrás, quedó aquel eslogan, producto del Mayo del '68: *Prohibido prohibir*. Pero lo anterior, que es una evidencia palpable, requiere un momento de lucidez para percatarse de que es así. La Élite, apoyada en los medios de comunicación y en la manipulación que hace del lenguaje, nos vende todo lo contrario, como si la abundancia del libertinaje que envuelve la vida cotidiana se pudiera considerar libertad. Cualquier persona a la que la memoria le alcance más allá de tres decenios corroborará cuanto digo. Hoy somos mucho menos libres que lo éramos hace treinta años, tanto por lo que respecta a los actos como al pensamiento. Tiempo atrás, pocos hubiéramos pensado que viviríamos una época en que las ideas se perseguirían. Cierto que no se manda al disidente a la hoguera, pero sí se le marca con epítetos despectivos, v. gr. negacionista.

Una ristra de prohibiciones nos persigue sin que nos inmutemos. Cada año, nuevos preceptos vienen a engrosar la lista de prohibiciones que mutilan nuestros derechos. A principios de los años '80 se nos prohibió cocinar en el monte, y desde entonces el número de incendios se ha multiplicado exponencialmente. Años más tarde, empezaron a restringir el consumo de tabaco en ciertos lugares públicos, como aquellos relacionados con la sanidad. Posteriormente, en 2006, sale adelante la ley de ámbito nacional que prohíbe fumar –dejé el tabaco años antes– en todos los lugares cerrados, públicos y privados, y ahora se pretende extender a todos los lugares abiertos. Ello a la par que la tasa de cánceres de pulmón sigue en línea con la de los años '90 (P.24). Se nos prohíbe hacer uso de nuestro dinero sin que demos parte de ello, con la excusa de eso que llaman lavado y que sólo está al alcance de las fortunas que lo sortean. Se persigue la caza deportiva, y tanto ganaderos como agricultores son considerados un peligro medioambiental. En algunas comunidades se han prohibido las corridas de toros, aunque se sigue embolando a los astados. Se lastra el piropo y se considera machista a quien los lanza. En España, mejor dicho, en algunos puntos de España se llega al punto de prohibir estudiar en español. Pero a lo anterior, que sólo es una pequeña muestra, cabría añadir el expolio fiscal al que se nos somete, dado que incide en la libertad por cuanto incrementa nuestra dependencia hacia quienes nos esquilman.

El afán del Poder por extinguir libertades, individuales y colectivas, es sumo. Sólo hace falta echar un vistazo a lo sucedido durante estos dos últimos años. Se nos confinó en casa, se limitó nuestra movilidad, restringieron las reuniones familiares, nos obligaron a llevar mascarilla bajo pena de multa, etc. etc. La excusa: un virus con una tasa de mortalidad en Europa, año 2020, etapa dura de la pandemia, inferior al 0,3% del total de la población, tal como escribí en mi anterior libro 'Desde Barcelona con lápiz y papel...'. En el caso de España, según el INE, la tasa de mortalidad sobre la población total se situó en 1,28 ‰ (P.25). Pasado el tiempo, no se aprecia justificación para lo ocurrido, más allá del comprensible desconcierto de los primeros días.

Soy de los que creen que el futuro tiene color oscuro. Pero, a la vez, pienso que está en nuestras manos pintarlo de color claro. Aunque la tarea no es fácil, no nos encontramos ante un imposible. Sólo, y simplemente, debemos no perder la fe y aferrarnos a nuestras convicciones. Por otro lado, somos más, muchos más que todos ellos, esos que quieren dirigir nuestra vida sin darnos la oportunidad de decidir. Si cada uno de nosotros aportamos nuestro granito de arena, al final les sepultaremos. Peleemos por la libertad, porque tal como Cervantes puso en boca de Don Quijote, esta *«es uno de los más preciosos dones que a los hombres dieron los cielos; con ella no pueden igualarse los tesoros que encierra la tierra ni el mar encubre; por la libertad así como por la honra se puede y debe aventurar la vida»*.

ANEXOS

Bibliografía

- 'Confessions of an Illuminati. Vol I y II' - Leo Lyon Zagami - 2016
- 'El triple secreto de la masonería' - Ricardo de la Cierva - 1994
- 'El Concilio del papa Juan' - Michael Davies – 1981
- 'El desarrollo sustentable. La nueva ética internacional' - Juan C. Sanahuja - 2003
- 'En nombre de Dios' - David A. Yallop – 2008
- 'Freemasons: The world-Historic cartel' - J. Volker - 2021
- 'Historia de las sociedades secretas antiguas y mod...' - Vicente de La Fuente - 1870
- 'Historia de los heterodoxos españoles' (libros VI y VII) - M. Menéndez Pelayo – 1881
- 'Illuminati: Los secretos de la secta más temida por la Iglesia...' - Paul H. Kock - 2004
- 'Judaism and the Vatican' - Léon De Poncins - 1967
- 'La corruzione nella Chiesa' - Giulio Maria Scozzaro - 2011
- 'La Franc-Maçonnerie et son oeuvre' - Maurice Fara - 1930
- 'La Hoz y la Cruz. Auge y caída del marxismo y la...' - Ricardo de la Cierva - 1996
- 'La masonería' - J. A. Ferrer Benimeli – 2005
- 'La masonería al desnudo' - F. Ferrari Billoch - 1939
- 'La masonería después del Concilio' - J. A. Ferrer Benimeli - 1968
- 'La Massoneria e la Chiesa cattolica' - Luigi Villa - 2008
- 'La masonería en la crisis española del siglo XX' - Dolores Gómez Molleda - 1998
- 'La masonería española en el siglo XVIII' - J. A. Ferrer Benimeli - 1974
- 'La masonería y el catolicismo' - Mariano Soler - 1884

- 'La masonería invisible' - Ricardo de la Cierva - 2002
- 'La trama masónica' - Manuel Guerra Gómez – 2006
- 'La verdadera historia del Club Bilderberg' - Daniel Estulin - 2007
- 'Las puertas del infierno. La historia de la Iglesia...' - Ricardo de la Cierva - 1995
- 'Los masones. La sociedad secreta más influyente...' - César Vidal - 2005
- 'Los altos grados de la masonería' - Galo Sánchez Casado - 2009
- 'L'Ennemie sociale: Histoire documentee des faits...' - Paul Rosen - 1890
- 'Los masones: La sociedad más poderosa de la tierra' - Jasper Ridley - 2007
- 'Magistrature et justice maçonniques' - Jean-Baptiste Bidegain - 1907
- 'Masonería' - J. Boor - 1952
- 'Masonería, religión y política' - Manuel Guerra Gómez - 2012
- 'Masonería, satanismo y exorcismo' - Ricardo de la Cierva - 2011
- '¡Misterio! Descorriendo el velo' - José Mª Caro - 1960
- 'Morals and dogma of the ancient and accepted scottish...' - Albert Pike - 1871
- 'Orígenes de La Masonería' - Nicolas Serra y Caussa - 1894
- 'Pequeña historia de Inglaterra' - G. K. Chesterton - 1917
- 'Por qué deje de ser masón' - Serge Abad-Gallardo – 2015
- 'Rule by secrecy: Hidden history that connects the Trilateral...' - Jim Marrs - 2002
- 'Se pedirá cuenta' - Jesús López Sanz - 1991
- 'The Challenge: The Church and the New World O...' - Frederick H. Lynch - 1916

LOS MASONES SIGUEN ENTRE NOSOTROS

- 'The Cult of the all seeing eye' - Robert Keith Spencer - 1964
- 'The symbolism of freemasonry' - Albert G. Mackey - 1882
- 'Vía crucis' - Gianluigi Nuzzi – 2017

Webgrafía

P.1 – Acerca de la enseñanza privada en España.

- https://educacionprivada.org/wp-content/uploads/2018/ 05/ Informe-la-enseñanza-privada-en-España-medio.pdf[1]

P.2 – Sobre el Cardenal Martini.

- https://www.grandeoriente-democratico.com/Adesso_che_ le_celebrazioni_retoriche_Martini.html[2]
- https://www.grandeoriente.it/martini-raffi-goi-addio-a-un-uomo-di-dialogo-grande-espressione-della-chiesa-parola/

P.3 – Cardenal Christoph Schönborn homenajeado por la B'nai B'rith.

- https://www.traditioninaction.org/RevolutionPhotos/ A548-Schon.htm

P.4 – Estudio de la Fundación ANAR - Años 2008 a 2019

- https://www.anar.org/wp-content/uploads/2021/12/ Estudio-ANAR-abuso-sexual-infancia-adolescencia-240221-1.pdf

P.5 – Artículo de The Washington Post sobre La Trilateral.

- https://www.washingtonpost.com/archive/lifestyle/1992/

---

1. https://educacionprivada.org/wp-content/uploads/2018/05/%20Informe-la-enseñanza-privada-en-España-medio.pdf

2. https://www.grandeoriente-democratico.com/ Adesso_che_%20le_celebrazioni_retoriche_Martini.html

04/25/beware-the-trilateral-commission/59c48198-9479-4c80-a70a-a1518b5bcfff/

P.6 – Agenda del Foro Económico Mundial

- https://www.weforum.org/agenda

P.7 – Entrevista a Klaus Schwab el 20 de septiembre de 2017 - Escuela Kennedy (Harvard)

- https://www.hks.harvard.edu/more/alumni/alumni-stories/collaboration-fractured-world-klaus-schwab-mcmpa-speaks-harvard-kennedy[3]

P.8 – Archivo de los Rothschild.

- https://www.rothschildarchive.org/family/family_interests/freemasonry[4]

P.9 – Comisión independiente que viene trabajando en busca de la verdad sobre el 11-S.

- https://www.ae911truth.org/

P.10 – Bohemian Club - Reunión de bohemens y Cremation of Care.

- https://www.youtube.com/watch?v=-mCXMkwHjN4
- https://www.transcend.org/tms/2020/06/the-bohemian-club-and-the-new-manhattan-project/

---

3. https://www.hks.harvard.edu/more/alumni/alumni-stories/%20collaboration-fractured-world-klaus-schwab-mcmpa-speaks-harvard-kennedy

4. https://www.rothschildarchive.org/family/family_interests/%20freemasonry

P.11 – Inauguración del Túnel de San Gotardo.

- https://www.youtube.com/watch?v=Fk1vbdlsDno

P.12 – José A. de Castro - 'Soros: Rompiendo España'.

- https://confilegal.com/20190320-soros-esta-detras-del-movimiento-separatista-catalan-segun-los-autores-del-libro-soros-rompiendo-espana/

P.13 – Open Society - Lo que Italia debe hacer para limpiar su historial de derechos humanos.

- https://www.opensocietyfoundations.org/voices/five-things-italy-needs-do-clean-its-human-rights-record

P.14 – Open Society - Sobre las elecciones en Alemania.

- https://www.opensocietyfoundations.org/voices/elections-alone-are-not-enough-could-citizens-assemblies-save-democracy-in-germany

P.15 – Agencia EFE - Entrevista sobre la vacuna ARN(m) para Covid-19.

- https://www.efe.com/efe/usa/sociedad/cientifico-de-la-vacuna-para-covid-19-usamos-informacion-del-propio-cuerpo/50000101-4203663

P.16 – Landreport - Gates compra cientos de miles de acres.

- https://landreport.com/2021/01/bill-gates-americas-top-farmland-owner/

P.17 – IPE - Acerca de los fondos de inversión colectiva globales.

- https://www.ipe.com/global-asset-managers-record-49-net-aum-increase-in-2020/10053184.article

P.18 – Documental de la televisión alemana WDR del año 2000 titulado: 'Es begann mit einer Lüge' – 'Comenzó con una mentira'. Sobre la falsificación de hechos en la guerra de Kosovo.

- https://www.dailymotion.com/video/x29w01f

P.19 – Demografía de Europa - INE

- https://www.ine.es/prodyser/demografia_UE/img/pdf/Demograhy-InteractivePublication-2021_es.pdf?lang=es

P.20 – Carta de la Tierra

- https://www.gob.mx/cms/uploads/attachment/file/566769/4-CartaDeLaTierra_v1.pdf

P.21 – Acerca de Gorbachov.

- https://www.henrymakow.com/oleg_platonovs_freemasonry_in.html

P.22 – Ministerio de Salud de Paraguay – Sobre el nuevo órgano de decisión.

- https://mobile.twitter.com/msaludpy/status/1466077720740302863

P.23 – Resolución aprobada por la Asamblea General de la ONU el 25 de septiembre de 2015.

- https://unctad.org/system/files/official-document/ares 70d1_es.pdf

P.24 – Cifras del cáncer en España.

- https://seom.org/seomcms/images/stories/recursos/ Cifras_del_cancer_2020.pdf

P.25 – INE: Defunciones según la causa de muerte - Año 2020.

- https://www.ine.es/prensa/edcm_2020.pdf

Acerca del autor

T. Macarron García, nació en un pequeño pueblo de la provincia de Segovia –España– poco antes de que mediara la década de los años '50. Sin embargo, sus primeros recuerdos son de Barcelona. Fue allí donde estudió y cursó el bachillerato superior. Más tarde, cumplida la treintena decide emprender la carrera de C. C. Empresariales. Ha cursado estudios de maestría en Marketing y Ventas.

Su vida profesional ha sido variopinta, aunque relacionada en gran medida con el mundo de la empresa, donde ha ocupado puestos de dirección, y con el mercado. Ha colaborado como docente a lo largo de nueve años, impartiendo clases en el área de marketing. En ese tiempo redactó diferentes manuales y guías didácticas para sus alumnos. Durante los últimos quince años ha escrito multitud de artículos para diferentes blogs y webs. Algunos de ellos se recopilan en su anterior libro "Desde Barcelona con lápiz y papel".

También ha hecho pinitos, como compositor, en el mundo de la música. Tres CDs. de larga duración y uno de corta dan fe de ello.

Recogiendo palabras propias, esta es la definición que el autor hace de sí mismo:

«Creo en la persona, en el ser individual, no tanto en la sociedad, y detesto las multitudes. Me entusiasma el cine como tal, pero me aburren la mayoría de películas que se hacen hoy. Me fascina la música, la de siempre y me atrevo a componer, más por osadía que por maestría. Me encanta el deporte, mejor individual que colectivo por el valor que supone el esfuerzo personal. No vales por lo que fuiste sino por lo que eres. No es suficiente lo que estudiaste sino tu actual saber. No importa tu pasado sino tu presente. No vivas de lo ocurrido, pero revívelo siempre. Lo importante de lo acaecido es la experiencia que aporta y, como tal, debiera servir para no repetir errores. Valgan estas líneas para dar a conocer mis ideas, desde la humildad del aprendiz que aspira a superarse cada día. Y permítaseme, para finalizar, una frase que cada inicio de curso repetía a mis alumnos:

'El día que os olvidéis de aprender, ese día, empezáis a ser marionetas de este mundo'».

www.ingramcontent.com/pod-product-compliance
Lightning Source LLC
Chambersburg PA
CBHW061439150726
47987CB00001B/266